プロレス深夜特急

プロレスラーは世界をめぐる旅芸人

TAJIRI

徳間書店

「いままでどおりでは生き残っていけない」
そんな時代の足音が聞こえてくる。
地球上の誰しもが、
それぞれの新たなる深夜特急の旅に
出発せざるを得なくなる……
出発時刻は、もうすぐそこまで
迫ってきているのかもしれない。

まえがき

プロレスラーは、プロレスがなければ死んでしまう生き物である

プロレスラーの仕事は、試合や練習をすることだけではない。旅もしなくてはいけない。旅も仕事なのだ。なぜ旅も仕事かというと、物理的な言い方をすれば旅をしないと試合会場へたどり着けないからである。しかし、会場へたどり着くという行為自体は旅ではない。その過程において、様々なことを考える。今夜の試合について。あるいは、これまでの己の人生について。そして、今夜の試合の先に待ち構えるこれからの人生について。

最終的にそれらの思考は、己の『生き様』について考えることへとつながってゆく。これは完全にオレの個人的見解だが、物理的移動＋思考＝旅。どちらかだけでは、旅ではない。ちなみに、物理的移動＋何も考えず楽しむ＝旅行。そこが、旅と旅行の大きな違いではあるまいか。

そして旅をし訪れた先で、何かの縁で集ってきてくれた人たちに剝き出しな己の生き様を見ていただくこと。そこから何かを、その人たちの今後の人生においてプラスとなる何

かを持ち帰っていただくこと。そこで初めてプロレスラーの仕事は完了するような気がするのだ。

なので、プロレスラーは移動しながらの思考が大事だ。己の生き様をリングでの闘いに落とし込み、どのように加工したらより見ていただきやすくなるのか？　そもそも、己の生き様とはいかようなものなのか？　考えるべきことはいくらでもある。

そして移動距離が長ければ長いほど、思考時間も長くなる。だから海外へ試合にいくと、より多くのことを考える。それは移動中だけではなく、遠く日本を離れた地にいると、なぜか常に考えてしまうのだ。これまでのこと、これからのこと……己の生き様というものを。

この本にも、旅の過程における思考の話が次々と出てくる。というか、そんな話ばかりである。さらには旅先で出会った、オレと同じく、プロレスという道で生きられないなら死んでしまうであろう者たちによる、それぞれの剝き出しな生き様も克明に記録されている。

そう。結局オレたちは、プロレスについて考え、プロレスをやり、そのためにあちこち

へと旅をし、そうして生きるための糧《かて》を得て……そうでなければ死んでしまう生き物でしかない。つまり、

『プロレスラーは、プロレスがなければ死んでしまう生き物である』

だからプロレスを続けているだけだと、オレは思う。

そんなプロレスに憑り付かれた者たちが何を考え、その生き様が交わるときにどのようなドラマが生まれたのか？　コロナで海外へ渡ることが容易ではないいま、この本を読むことで海外の風と匂いをハートで感じ、いつか自分も！　と、あなたの今後の人生においてプラスとなる何かをもたらすことができるのであればオレは幸いである。そしてこの物語は、日本の遥か彼方、欧州への旅から幕を開ける……。

２０２１年６月

ＴＡＪＩＲＩ

カバー・文中写真
TAJIRI
対談撮影
佐々木和隆
装幀・DTP
木村友彦
協力
株式会社ブシロードファイト

目次

第1章

美少年の国と砂の男の国

── イタリア、マルタ篇 ──

イタリア出身のレスラーといえば元WWWFチャンピオンのブルーノ・サンマルチノが有名だが、近代イタリアンプロレスの歴史は新しく、2004年にプロレスファンの少年たちが集い同好会的に発足させたグループが数年後にＩＣＷというプロモーションとなり、現在もイタリア最古の団体として存続している。マルタ共和国はそんなイタリアから目と鼻の先の小さな島。近隣の国同士、しかも欧州では各国間を邦貨約5000円ほどで往復可能な格安チケットの入手が容易なため、二国間の選手交流も非常に盛んだ。

イタリアのプロレスにはインチキ紙芝居屋と二重人格紳士と美少年が存在した！

2017年11月某日

イタリアの奴隷男からの招待状

いまどきの海外遠征のオファーは、ＳＮＳでやってくる。

２０１７年11月某日。誰かがオレを褒《ほ》め称えてはいないかとＴｗｉｔｔｅｒでエゴサーチなんぞしていると、メッセージ受信音がポーン！　と鳴った。見ると、ファビオという面識のない人物のアカウントからメッセージが送られてきている。

「セッシャはイタリアのマッシミリアーノというプロモーターの奴隷をしているファビオという男でござるにて候。来たる3月31日に我が団体がミラノでイケイケな大会をやっちまうので出る気あるならブッチギリでよろしくお願いボンゴーレ」

実際のところ、そのメッセージは英語で普通に書かれていただけなのだが、なぜかこのように奇妙な言葉遣いがなされているような印象を強烈に放っていた。そういった場合、送り主に会ってみるとやはりヘンなヤツだった、というケースが実際多い。今回もきっとそうなのだろう。文は人なり。

第1章 美少年の国と砂の男の国
──イタリア、マルタ篇

オレは「Yes,please」と簡潔な返事を送った。僕は英語ペラペラだぜベイベー！風に背伸びをすると、あとで難しいやりとりの際、メッキが剝がれ悲惨な目に遭うことを過去の経験から知っているし、オレの出身高校（低偏差値）で「キミたちの発音ではアメリカいったら絶対通用しないぞ！」といつも威張りクサっていた英語の小松田先生（犬に似た40代男）が、なぜかそんなクズ高校にアメリカから留学に来たジョアンナ・ルーカスちゃんの来日初日に英語で話しかけたものの全く通じず、怪訝《けげん》な顔で「What?」を連発され、カッコ悪さに死にかけていた光景も目にしてきているだけに……。

すぐさま返事が来た。

「早速のお返事にヒデキ感激。細かいことはセッシャの親方マッシミリアーノから直々に連絡いくでー！　お待ちくだされのボンゴーレ」

しばらくすると、マッシミリアーノ親方からメッセージが。ボンゴーレ男と違って、こちらはしっかりとしたイタリア紳士のようであった。

「はじめまして。イタリアで『MEGASTAR WRESTLING』という団体を主宰するマッシミリアーノと申します。ギャラのほうは○○ユーロでいかがでしょうか？なお、TAJIRI様の出発空港をお教えくださいませ。チケットの御手配もさせていただきますので。色々と申し訳ございませんが」

こうしてサクサクと決まってしまったイタリア遠征。しかしその数日後、事態はとんでもない急展開を迎えるのだ。

2017年12月某日 オランダのアントニオ猪木発……欧州周遊へのいざない

オランダのケンゾー・リチャーズという旧知のレスラーからメールが来た。彼は純粋なオランダ人だが、子供の頃に指導を受けた「ケンゾー」という日系人柔道師範にあやかり、その名をリングネームに拝借しているという、まるで大和民族のくせに「ゴンザレス田中」あるいは「ヨーゼフ鈴木」あるいは「モハメッド渡辺」を名乗っているような、良い言い方をすれば「アントニオ猪木」系な和洋折衷のリングネームを持つ、オランダ・プロレス界のエースである。

オレが5年前にオランダ遠征したとき以来の仲。2年前に所用でオランダを訪れた際も空港まで迎えに来てくれ、「まずは早速オランダ名物を食わせてやる！ ウメえぞ〜！ ア〜ン⁉」

ケンゾー・リチャーズ。若い頃はロックンローラーに憧れていたが、いまでは子供たちに水泳の指導をしている平泳ぎが得意なオランダ人の写真では決してない。

第1章 美少年の国と砂の男の国
——イタリア、マルタ篇

と、日本から着いたばかりでクタクタなオレを、アムステルダム繁華街の奥まった路地裏にあるオランダ名物・コロッケ（格安）の自動販売機コーナーなんぞへ連行し、極上のおもてなしをしてくれた輝ける経歴の持ち主でもある。

オレがイタリアへ行くことを早くも知ったらしく、

「イタリアでの試合の後にマルタとポルトガルでのセミナー、最後にオランダでの試合とセミナーをブッキングしておいたぞ！　試合のギャラは○×ユーロ、セミナーのギャラは□△ユーロだから文句ねえだろ？　ア〜ン!?」

と、イタリア→マルタ→ポルトガル→オランダ・各国で2試合2セミナーの手はずを早々と手配してくれたというのだ。ちなみにセミナーとは簡単にいえば『TAJIRI先生のプロレス教室』である。

こういった場合、各国間を移動する航空券は各プロモーターたちがシェアして支払う。よって皆でオレを使い廻しすればするほど一人頭の負担額が減っていくので、またオレとしても各国を観光がてら稼ぎ廻れるのは楽し嬉しだから双方実にWin-Win。横の繋がりが強い欧州マーケットではポピュラーなやり方だ。

そんなこんなで各国を旅ガラスする航空券も順次届き、アッという間に3カ月経過。

2018年3月30日

ドバイ経由イタリア行き地獄絵巻

旅立ちの日。羽田空港。搭乗したもののいつまでたっても出発しない。どうやら回収したチケットと乗客数が合わないらしく、乗務員が血相変えて何度も通路を往復しながら乗客数を数えている。オレはこれと全く同じシーンを、ハイジャックを題材とした映画で見たことがあった。そのうち不安とイライラで頭に血がのぼった乗客のバアさんが「ひっ……ひいいいっ！」とコメツキ虫のように通路でひっくり返ってしまい、酸素ボンベは出てくるわ「ご搭乗は諦め降りてください」という乗務員の指示に酸素吸入で復活したバアさん「ぬぅわんだぁ!? おらぁぁぁ！」と食ってかかるわで機内は半狂乱状態。結局2時間遅れで出発するも、途中で空中分解寸前の壮絶な揺れに襲われつつ、11時間かけ辛うじて途中経由地ドバイ到着。

ドバイからイタリアへの接続時間はわずか2時間半。すでに2時間遅れているのでイヤな予感がしたのだが、飛行機を降りると陸上競技の金メダリスト、ウサイン・ボルト風な手足がやたら長い黒人空港職員が待機していて、

「イタリア行きの方はこちらへ！」

と叫んでいる。オレを含め3人集まるや、

「いまから猛ダッシュで搭乗口へ向かえば間に合います！　私の走りについてこれるかな

第1章 美少年の国と砂の男の国
――イタリア、マルタ篇

あ？　ヨロシク！」

　と、礼儀正しい暴走族のようなセリフを吐き一目散に走り出すではないか。その後を追い、走り出すオレたち3人。追いつかれそうになるとライバル心と白目を剝き出しにし「負けるか、この野郎！」と抜き返すボルト。世界一広いドバイの空港で、そんなデッドヒートを繰り広げること約10分。滑り込みセーフでイタリア行き搭乗に成功。6時間後。着陸直前に乗務員に起こされ今度はナンや！　と思ったら「詰め替え時間がなかったので、あなたの荷物は乗っていません。明日の便で運ばれてきます」と。もうそんなことどうでもエエわ！　という気分。

　ちなみに海外ではこういったケースも多いので、オレはWWE時代からコスチュームを入れた小さなカバンだけは必ず機内持ち込みにし、それ以外のものを入れたカバンを機外預けにしている。

　イタリア・ボローニャ空港到着。

　到着ゲートを出ると、丸顔に無精ひげを生やしネズミ色のベレー帽をかぶった、背はそれほど高くはないが異様に体格のいい男と目が合った。分厚い胸板、シャツの袖からは力こぶが飛び出し、ニヤニヤと笑みをたたえこちらに近づいてくる。

「チャオ！　セッシャがファビオでござるのボンゴーレ！」

　瞬時に「イタリアのインチキ紙芝居屋」という言葉が頭をよぎった。

「長旅お疲れさんのサンタマリア。駐車場でマッシミリアーノ大明神がお待ちになっておられるのでサッサといこうのボンゴーレ！」

異様に鍛えこまれたボディ以外は、メールの文面から漂うイメージそのまんまだったファビオの実体。

「業界大先輩の荷物を持たせてもらうのボンゴーレ！」

「いや、いいよ！」

「リスペクトは忘れちゃならぬのボンゴーレ！」

「怖い債権者から高額な生命保険への強制加入を迫られている崩落資産家風な写真をぜひ！」というマッシミリアーノ本人たっての希望で撮られた一枚のようでもある。

「いいったら！」

そんな人畜無害な昭和ほのぼのドラマ的な微笑ましいやりとりをしつつ駐車場まで歩くと、ちょっと背が高く銀縁メガネに茶色のスーツを着た「私、生まれてこのかた悪いことなんて一度もしたことありません」然とした紳士がこちらを見て何度も愛想よく頷《うなず》いている。

「トラブル続きで申し訳ありません。私がプロモーターのマッシミリアーノでございます」

深々と丁寧に頭を下げるので、つられてオレも深くお辞儀してしまった。

「それでいいのだボンゴーレ！」

2018年3月31日 イタリアの美少年とマルタの砂の男

翌朝。「ドンドンドンドンドンドンドン！」誰かが部屋のドアを狂ったようにノックしている。開けると、高級ホテル支配人のように落ち着き払ったマッシミリアーノがひとりで立っていた。

「朝早くから申し訳ありません。45分後に出発いたしますので」

もしかしたら頭のおかしいヤツでもかくれていて、ソイツが狂ったようにドアを叩いたのか？　と思ったが、マッシミリアーノ以外は誰もいない。一瞬、彼の中に別人格が潜んでいるのだろうか？　と疑わずにはいられなかった。去っていくマッシミリアーノのジェントルマンな後ろ姿……。

そそくさと用意を済ませロビーへ降りると、男女織り交ぜ30人ほどの若者が芋の子を洗うようにたむろしている。

「彼らはイタリアプロレス界のそうそうたる選手・関係者・ヒヨッ子練習生らの数々なる

ぞ。いまからバスに2時間乗って今夜の試合地ミラノへ向かうのボンゴーレ！」

と、片手に持ったパンにせわしなく齧《かじ》りつきバタバタと慌ただしいファビオ。

様子を観察しているうちにわかってきたのだが、どうやらファビオはインチキ紙芝居屋然としていながらも、皆のリーダーとして絶対的信頼を得ているらしく、マッシミリアーノも含めた誰もが何かわからないことがあった場合、まず彼に話をふり現場の判断を仰いでいるようだった。

そんな彼が号令をかけ、大きなバスに全員乗り込む。最後にマッシミリアーノが乗ってきて「申し訳ありません。これより点呼をとります」という。

「ええ……ニャニ」

ニャニ？　ニャニって何だよ⁉

と、ニャニの返事が。女子練習生の名前だった。マッシミリアーノの中から、正体のネコちゃんでも発動しかかったのかと思ってしまった。

バスが走り出すと、ファビオがスタッフを仕切り選手のインタビューやプロモ

さりげなさを装っているようでいて実は全員それなりのポーズを決め身構えているようにも見える恥ずかしがり屋なイタリアンボーイズの可能性あり。

第1章 美少年の国と砂の男の国
——イタリア、マルタ篇

撮影を始める。ＹｏｕＴｕｂｅで流したりＤＶＤに織り交ぜるのだという。

ノートに用意していたアイデアに加え、どうやら即効でひらめいたこともカメラマンに指示し，手際よく次々撮影していくファビオ。イタリアの紙芝居屋は映像のヤリ手仕切り屋でもあった。

いまや世界中どこへいってもプロレスと映像は切っても切り離せない。ドラマを映像で紹介し興味を抱かせ会場へ足を運んでもらう。ＷＷＥにより世界に広まったこの手法。現代のプロレス団体にとって優秀な映像チームは必要不可欠だとオレは思う。

それにしてもバスの中はにぎやかだ。誰もがとにかくよく喋るしよく笑う。それはきっと国民性ばかりではない。マッシミリアーノが主宰している、この「ＭＥＧＡＳＴＡＲ ＷＲＥＳＴＬＩＮＧ」は、まだ組織の体力的に数カ月に一度のペースでしかショーを開催できない。若い選手や関係者らにとってショーは待ちに待った晴れ舞台であり、プロレスが好きな者にとって人生における最高な時間だ。それは世界中どこへいっても変わらない。

ところで、オレには一つ気になることがあった。今夜の対戦相手である欧州王者のマスクマン、レッド・スコーピオンという選手の正体らしき風格ある者がバスの中に見当たらないのだ。撮影で忙しそうなファビオにそのことを尋ねると、

「あっ、セッシャでござるよボンゴーレ」

と、サラリ答えるではないか。そうか……そうだったのか。オレには、ピンときた。正

直、素顔の欧州王者に風格は「まだ」ない。しかし彼はプロレスに対する「真摯《しんし》さ」と「敬意」に満ちている。彼がその姿勢を貫いていくかぎり、それらはいつの日かプロとしての風格へ昇華されていくのではないのか、と。まだ誰もが発展途上で伸びしろだらけ。それがイタリアのプロレスなのだな、と。

撮影した映像をチェックし、すぐさま何かをマッシミリアーノへ伝えに走るファビオ。プロレスへの真摯さと敬意と喜びに満ちたバスは、ミラノへ向かってひた走る。

美少年に迫る巨漢の黒人

バーが併設されたディスコ風な会場。収容人員は500人弱。いまや世界各国にプロレスがある。日本ではほぼ知られていないが、ポーランドやウクライナといった東欧諸国にまでプロレスがある。どのようにして発生するかというと、全世界で視聴可能なWWEの映像を見た者たちが見よう見真似で始めるのである。この現象は世界中に広がっている。WWEに刺激されWWEをマネして始める彼らのプロレスは、言ってみれば「未成熟なWWEスタイル」である。

それはここイタリアでも、大部分の選手が同様なんだなと感じた。彼らはWWEの映像を見たまんまの「形」からプロレスに入ってくる。だからまずは目に映る「技」の模倣から始めるのだが、入口がそれではプロレスは巧くならない。

ここから先はオレの自論だが「技」はそれ自体を魅せることが目的ではなく、リングで戦うレスラーの「心」を表現するための「手段」なのだ。善玉で戦うレスラーは、その心にふさわしい正義の技を堂々と駆使する。逆に悪玉レスラーは、その心にふさわしき荒々しかったり小ズルい技を破壊的にイヤミに駆使する。

リングにはまず、戦う者の心ありき。そのうえでの技なのだ。このあたりの順番意識が逆になってしまうと、いつまでたってもプロレスの根本が理解できず表面的な模倣プロレスしかできなくなってしまう。そういうレスラーがいまや世界には蔓延している。

それでも「根本がわかっているな」というレスラーも何人かいた。関係者に聞いてみると、彼らはみなファビオの弟子たちだった。ここイタリアにもいくつか団体があるらしく、今日のショーは他団体であったりフリーであったり、そんな選手らも交えて開催されているとのこと。

第三試合。イリミネーションマッチ。

「建物の中で建物を組み立ててみたけれど、外に運び出せなかったよお！」なんて愉快な結末を期待してしまうミラノの会場。

8人のレスラーによる勝ち残り戦。大小様々なサイズのレスラーたちがリングインする。その中に、ひときわ小柄なレスラーがいた。小柄……子供？　真っ白で細い体。短い金髪。顔にはソバカス。青い瞳。その全体から漂う未成熟感はどう見てもまだ子供だ。15歳ほどだろうか。いわゆる「美少年」というやつである。それでも、顎《あご》をクッと引き上目遣いに周囲を見渡すその眼光には他の7人に希薄な「心」がギラリと感じられる。

ゴングが鳴った。

大柄な黒人レスラーが、いきなり子供の顔面を蹴り飛ばした。相手の靴底に顔面を踏みつけられたまま子供の体はクシャッ！と折れ曲がり、オレも観客も「アッ！」と悲鳴のような声を上げた。それを合図に他の全員が入り乱れる。しかし、彼らの攻防なんか誰も見ていなかった。あの子供は大丈夫だろうか？　もう誰もがそれしか頭にない。子供の安否は別として、この時点ですでに子供は一つも「技」を使うことなく、観客の「心」を引きつけることに成功したのだ。

「子供」が19歳時のポートレートだが、業績のためなら社員の命など屁とも思わない眼付きの鋭い痩せギスな冷酷課長38歳（趣味は昆虫採集）にも見える。

第1章 美少年の国と砂の男の国
——イタリア、マルタ篇

子供は復活すると、自分を蹴り飛ばした大柄な黒人に細い腕で猛然とパンチの連打をふるった。しかしその都度はじき返されてしまう。それでも起き上がってパンチをふるう。起き上がるたび、観客は子供への声援を高めていく。そんな子供を「ジャマだ！」といわんばかりに、他の大柄なレスラーが払いのける。今度は糸クズのように細い手足が絡まったまま場外へとケシ飛ばされた。子供不在のリング上で、技の攻防を「どうだ！」と繰り広げる他のレスラーたち。しかし観客の視線は場外の子供にしか向いていない。こうなるともう他のレスラーは滑稽であり哀れである。

いつの間にか、子供と、彼を蹴り飛ばした大柄な黒人だけが生き残っていた。やられ放題にやられまくる子供。トドメに顔面への前蹴りを決めることをゼスチャーで予告し、黒人は子供をロープへふった。すると子供は、カウンターで襲いくる前蹴りをギリギリでかわし、そのまま反対側のロープへと走りこんだ。黒人が振り向くと、もう子供は目の前まで迫ってきている。反射的に左のパンチを繰り出す黒人。するとその腕に飛びつき、まるで蛇のようにグニャグニャグニャッ！　と黒人の首に「上へ上へ」と巻き付いていく子供。

いったいどのようにしてそんな体勢になったのか、子供は黒人の肩口に立っていた。そこからフェースクラッシャーの要領で全体重を黒人の顔面に浴びせマットへと叩き付ける。

黒人は、ピクリとも動かない。子供は黒人の太い足をこれでもかとエビ反りに抱え込み、必死の形相で3カウントを奪った。観客の大歓声。この試合は最初から最後まで、子供の

「心」がリング上を支配していた。途中で細かい繋ぎ技こそあれ、子供が繰り出した技らしい技といえば最後の一撃だけだったのである。

オレの脳裏に、5年前イギリスで目撃した「ある青年」の姿が蘇ってきていた。その青年も必要以上の技を用いることなく、心の表現ばかりで試合のほとんどを構築していた。若いのに凄いレスラーだと興奮したオレは、当時プロデュースしていたWNCという団体へ来日してもらおうと試合後に声をかけた。

褐色というよりも、赤銅色な肌に黒髪。インド人かと思ったが「スコットランドとイスラエルの混血」とのことだった。日本へこないかと伝えると「是非いきたい！」と。しかし、彼は未来日に終わった。呼ぼうとした時期が進級テストと丸かぶりだったのだ。彼はまだ20歳の大学生だったのである。

そのうちWNCのリング上の流れが変わってしまい、とうとう呼ばずに終わってしまった。そんな彼は大学卒業後プロレス一本の人生を選択し、いまや世界の檜舞台にしっかりと浮上してきている。「ある青年」とは、現在WWEに所属するノアム・ダーである。もう5年前のお話だ。

控室へ戻ってきた子供に、オレはすぐさま「素晴らしかった」と声をかけた。すると彼のリアクションはまさに子供。ニッコニコ笑顔で「本当ですか!? 嬉しいなあ、ボクはいつか日本へいくのが夢なんです！」と。きっと、その日は訪れると思うのだ。もしかした

第1章 美少年の国と砂の男の国
――イタリア、マルタ篇

らWWEにだって到達してしまうかもしれない。

「子供」は18歳の「少年」だった。彼の名前は……明かさないでおく。いつかその名が轟《とどろ》いてきたとき、実は彼がそうだったのだ、と打ち明ける日が来る、きっと。

砂の男

さて、そんな素晴らしい少年も存在するイタリア・プロレス界のエース、ファビオの手腕はいかほどか？　控室の向こうでは試合直前までの裏方業務からやっと解放され、マスクをかぶり欧州王者レッド・スコーピオンに変身したファビオが「♪ボンゴーレレレ！」と鼻歌を歌いながらウォーミングアップしている。

オレの曲が鳴った。現在全日本プロレスで使用しているものではなく、以前使っていたWWE時代のものだ。海外では必ずこれを流される。他のレスラーはどうか知らないが、オレは入場時から曲のリズムでマインドを調整していくタイプなので、久しぶりの曲にちょっと歯車が狂ってしまった。

スコーピオンの左腕に一点集中攻撃を仕掛けたものの、一発のファルコンアローで逆転負け。しかし勝敗はともかく、スコーピオンのプロレスはしっかりと「心」のプロレスであり、彼がリーダーとして牽引していくMEGASTAR WRESTLINGの未来は明るい。

日付が変わる頃、長いショーが終わった。会場撤収後2時間かけてバスでホテルへ戻ると、もう朝の4時前だった。きょうは9時半の飛行機で、今度は試合ではなくセミナーのためマルタ共和国へ移動である。

「こんなに遅くなってしまい申し訳ありません。4時間したら空港まで私とファビオが送っていきますので」

最後の最後まで、マッシミリアーノは面倒見のよい紳士なプロモーターだった。

「セッシャは起きられなくなってしまうので、このまま寝ないで見送りにいくぞボンゴーレ。あ、そうそう……ウエイン！」

ファビオが声をかけた向こうに、巨大な男が立っていた。身長はゆうに190センチ以上、砂埃にまみれた革ジャンを着ており、伸び放題な黒髪。やはり伸び放題に伸ばしきった髭がすっかり口を隠しており、ギラギラした眼玉と高い鼻が異様に目につく。その風体を一言でいいあらわすなら「野人」である。昨日からの2日間、彼のことはホテルやバスや会場で見かけてはいたのだが、ときおりこちらをジッと無言で見つめているばかりで、何とも「無口でむさい男がいるなあ」という印象だった。

「彼はマルタ共和国プロレス界の親方、ウエインでござる。明日は彼と二人でマルタ共和国まで飛んでイスタンブールのボンゴーレ！」

第1章 美少年の国と砂の男の国
――イタリア、マルタ篇

ええ！　このむさい男と二人きり!?

ウエインが無言でゆっくり差し出したバカでかい手に握手で応じると、握り潰さんばかりの力に悲鳴を上げるところだった。

「よろしく……」

ガラガラとカバンを引きずり去っていく、ウエインの巨大な後ろ姿。やけに小さく見えるそのカバンも、革ジャンと同じく砂埃にまみれていた。彼に握られたオレの右手も、砂埃にまみれたような気がした。砂埃……なぜ？

衝撃！ マルタ共和国プロレス史上初の日本人はあのマスクマンだった！

2018年4月1日

海と、蒼い空と、砂埃と……マルタの男たち

空港を出ると風が強い。潮風だ。地中海に浮かぶ小さな島、マルタ。不安になるほど蒼い空に、白い雲が情け容赦なく流されてゆく。照り付ける午後の太陽。たいして舗装もされずほぼ剥き出しな大地に、ウエインの長い影が伸びている。

ボロボロのピックアップトラックがとまった。

「迎えがきた……」

車のドアが開くと、真っ黒に日焼けしたおじいさんがおりてきた。肌の黒さと対照的な銀色の髪がツヤツヤと太い。「海の男だな」と直感的に思った。ウエインと抱き合い、オレには右手を差し出してくる。相手が初対面の日本人であろうと誰であろうと、いつもこうして自然にニコニコと笑っていられる人なのだろう。

「親父だ……」

車に乗り込むと、詳しい説明もなくどこかへ向かって走り出す。助手席のウエインは運

第1章

美少年の国と砂の男の国
——イタリア、マルタ篇

転する親父さんにイタリアで起きたことをポツポツ語っているようだった。

　窓から見えるマルタの光景。すべてが石でできている。石といっても、叩き付けたら砂となって砕けてしまう日干し煉瓦《れんが》のように乾いた石。道も、家も、壁も。吹きつける潮風に、乾いた石が一刻一刻曝《さら》され砂埃となり、蒼い空へと舞い上がっていく。

　黄色い花が咲き乱れる丘を抜け、やはりすべてが石でできているおとぎ話のような街に入った。十字が描かれた赤白なマルタの国旗があちこちになびいている。車がとまった。彼らの家に着いたようだった。親父さんが車をおりると、今度はウエインが運転席に座った。

「こっちへ……」

　オレが助手席に移ると、車はいきなり走り出す。親父さんはニコニコと、その姿が小さくなるまで手を振り続けていた。

「いまからどこへいくんだっけ?」

「メシを食って、ホテルへ送る……」

「せっかく島にきたんだから魚が食いたいなあ、なんて!　ラララ……」

「そのつもりだ……」

　必要以上のことを喋ろうとしないウエインに、オレの言葉は何ともヨソヨソしい。

　車が岩山のクネクネ道を登りきると、突如視界いっぱいに海が広がった。午後の陽光が

水平線を見つめる砂の野人。ちなみにこのとき「大間のマグロで一杯やりたい」と、風流なことを考えていたような気がする。

海面をギラギラ照らしている。ウエインが無言で指さす先、岬の突端に石でできた数軒の店が見えた。近づくと観光客でごった返している。駐車場も観光バスや車でいっぱい。と、警備のオッサンが「ヘーイ！」とウエインに声をかけてきた。顔見知りのようだ。

「無理かな……」

「見てのとおりきょうは大混雑だ、例の場所に停めてくれよ！」

「サンキュー……」

店の裏手へ車が回ると、そこは断崖絶壁だった。海への落下を防ぐ柵すらない。と、スピードを落とすことなくどんどんそっちへ突っ込んでいくではないか。

「ギャアアアアー！」

オレは悲鳴を上げた。キキィィィィー！　断崖ギリギリで急停車する。きっと誰かをここへ連れて来るたび、決まって同じことをしているのだ。

「ハハハハハ！」

ウエインが、初めて笑った。

「体を鍛える場所はGYM。魂を鍛える場所はDOJO」

レストランの屋上。さえぎるものが何もないので、蒼と銀の水平線が視線と同じ高さに見えている。海がこっちへ落ちてきそうだ。

注文した魚介類のスパゲティが出てくる前に、オレはすでにビール2本を空けていた。ウエインは運転もあるのだが普段からほとんど飲まないらしく、付き合いで頼んだビールをデカい手で握ったまましきどき口だけ付けている。強い潮風がビール瓶を倒しにかかる。そのつどオレは慌てておさえる。外を見おろすと、岬の停留所に次々とバスがやってきては大勢の人がおりてきて、そのバスに大勢の人がまた乗り込む。ウエインが口を開いた。

「この島は観光がビジネスのほぼ全てだ。俺の親父も観光客相手の船頭さ……」

「そんな島から、どうしてまたプロレスラーに？」

「それ以外考えられなかった……」

「マルタには昔からプロレスがあったんだっけ？」

「ない……」

「じゃ、いつ誰が始めたの？」

「俺がつくった……」

『マルタ共和国の力道山』そんな言葉が頭に浮かんだ。

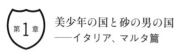

「もっと詳しく聞かせて！」

やはり、プロレスラー同士はプロレスの話しかない。吹きつける潮風に「初対面な異国人同士の壁」が一刻一刻曝され砂埃となり、蒼い空へと舞い上がっていく。

マルタ共和国で生まれたウエインは現在28歳。マルタでは20年ほど前からＷＷＦとＷＣＷの視聴が可能となり、子供の頃はテレビの中のプロレスに夢中となった。

「俺が19歳だった２００９年、ＥＷＰというイタリアの団体がマルタにやってきた。生で目にした最初のプロレスだ。そのときウルティモ・ドラゴンも遠征にきていた。だからマルタで初めてプロレスをしたジャパニーズはウルティモ・ドラゴンさ……」

ちなみにオレの記憶が定かであるならば、この２００９年のＥＷＰ欧州ツアーにはウルティモ・ドラゴンの対戦相手としてマスクを被った大原はじめ（※現プロレスリングＮＯＡＨ）も帯同していたはずである。もっともその中身をウエインが知る由もないので、もしそうだとするならマルタで初めてプロレスをした日本人は同時に2名存在したことになる。続けて、ウエインはこんなことも口にした。

「これはトニー・セントクレアー（※かつてイギリスで活躍した名レスラー）から聞いたんだが、１９７０年代に彼はマルタで試合をしたらしい。だけど俺の調べる限りその記録はどこにも残されていない……」

そうして学業を終えた20歳の２０１０年にイギリスへ渡り、欧州では有名なトーマス・

第1章 美少年の国と砂の男の国
――イタリア、マルタ篇

ジョーンズのレスリングスクールに入門する。訓練期間を終え、イギリスを中心に欧州各国で武者修行を重ねたウエインがマルタに帰ってきたのは2014年2月。

「マルタに、俺がプロレスを根付かせようと思った……」

「ほうほう、最初に何をしたの?」

「DOJOを作った……」

ウエインにとってプロレスとはまず最初に道場ありき、ということだったのだろう。はたして、そのとおりだった。

「俺はジャパニーズスタイルを最もリスペクトしている。だから、まずは絶対にDOJOだった……」

明日、オレはその道場で彼の弟子たちにセミナーをおこなうのだ。

「体を鍛える場所はGYM。魂を鍛える場所はDOJO。俺はそう思っている……」

彼の道場の正式名称は『PRO WRESTLING MALTA DOJO』だ
「リングも作った……」

「え! 自分で?」

「ファミリーで……」

当初はプロレスに大反対だった両親も、この頃になると「どうせならトコトンやりなさい」と好意的で、家族総出で執念のリング作製だったという。地元のプロレス志願の若者たちも徐々に集まり、ウエインが手取り足取り基礎から教えた。そして2015年6月に600人の観衆を動員し、PRO WRESTLING MALTAは団体としてのスタートを切ったのだった。

死のドライブ！「永遠の0km」

魚介類のスパゲティ。運ばれてきてすぐは熱かったが、フォークで混ぜかえすたびに吹きつける潮風がどんどんと熱さを奪い、あっという間に冷めてカチコチになってしまった。すっかり美味くなくなっているのだが、ウエインの話と酒があればいまはどうでもよかった。

「いちばん好きなレスラーは？」

「レスラーとしてはクリス・ジェリコ。男としてはクリス・ベノワだ……」

オレは、ジェリコとベノワにまつわる《おそらくオレ以外誰も知らない》エピソードをいくつかウエインに話して聞かせた。ウンウンと大きく頷き聞きいってくれた。ちなみに、日本人で好きなレスラーは、

「ムタ、ライガー、あとオールジャパンでのミサワ、カワダ、コバシらの戦いはベリーエキサイティングだ。いま凄いと思うのはミノル・スズキだ……」

第1章 美少年の国と砂の男の国
――イタリア、マルタ篇

オレは、こんな質問を振ってみた。

「今後、プロレスをやっていく上での最終的な目標は何か？」

「いまはまだプロレス以外の仕事もしているが、5年以内にはプロレスだけ……PRO WRESTLING MALTAを軌道に乗せ……俺自身もビッグカンパニーと契約し世界をこの目で見て回りたい……」

最後に、もう一つだけ質問した。

「もしもいま、WWEかジャパンにいけるとしたらどっちを選ぶ？」

するとウエインは、ゆっくりと、こう言いきった
「絶対に、ジャパンだ……」

その目は、水平線の遥か彼方を見つめていた。

ホテルへ向かう丘陵の細道を、またもやいつものことなのだろう、猛スピードで突っ走るウエイン。ボロボロの車が向かい風に曝され鉄粉となり蒼い空へ舞い上がっていきそうである。カーブにさしかかるたびオレは悲鳴を上げる。ウエインはそのつど「ハハハ！」と笑う。いったい何kmのスピードを出しているのだろう？　メーターをのぞき込むと「0km」……この車、メーターがブッ壊れていたのだ。

明日は、日本人が足を踏み入れるのは初めてというウエインのDOJOでマルタのレスラーたちへプロレスセミナーである。

2018年4月2日
プロレスを愛する誇りに満ちた男たち

翌朝、早くに目が覚めたオレは街の中を徘徊してみることにした。ホテルを出ると風がつよい。潮のにおいがする。どこを見ても石造りの建物しかない。日乾し煉瓦のように、もともとは砂でできていたのであろう石。街中が砂色。しばらく歩くと海に出た。海岸線に沿って、石造りな砂色の建物がビッチリと並んでいる。

「海賊の要塞都市だ」と思った。

午後。ウエインが例のボロボロ車で迎えにきた。

「ホテルはどうだった……?」

「快適だった」

「よかった……」

実はシャワーの水圧が異様に低く、チョロチョロというかショボショボと、それはまるでお散歩も終盤に差し掛かった犬の小便のようにしか水が出てこなかったのだが、その程度は海外へ来るとよくあることなのであえて触れない。

「セミナー前にDOJOで街の人たちとミート&グリートしてもらっていいか……?」

「もちろん」

ミート&グリートとは、簡単にいえばサイン&撮影会である。ショーの前に会場内でフアンを相手におこなうのが一般的だが、道場でのセミナーのためマルタへやってきたオレに会いにきてくれるファンがいるのだろうか？　と一瞬疑問に思った。

昨日も通った見覚えのある細いクネクネ道を猛スピードで突っ走る。マルタには、街中以外に信号は一切ないそうだ。しばらく走ると信号で停まった。道場のある街中に入ったのだ。道端のマリア像を祀った祠《ほこら》にお祈りしてる人がいたり、何もせずただ座って道行く人を眺めている人がいたりと、マルタの時間はのんびりと流れている。すると道の前方で、体格のいい数人の若者たちがこっちへ手を振っているのが目に入った。

道場の建物。いつか誰かがスイッチを押すと、マルタの街を破壊しつくす世紀末巨大ロボットに変型するような気がした。

「弟子たちだ……」

日本人の目に触れるのは初となるPRO WRESTLING MALTA DOJO。やはり石で造られたその外観は、早朝の海で思った「海賊の要塞」というマルタのイメージそのままであった。

車から降りるとさっきの若者たちが駆け寄ってきて、何をするでもないがオレにたいへん気を使ってくれている気配がひしひしとよくわかる。皆、緊張しつつも微妙にはにかんでもいて、好きで好きで仕方がないプロレスで新しい経験ができる喜びを抑えきれないのだ。よくわかるぞ、その気持ち。オレも若い頃はそうだった。

ＤＯＪＯに入ると薄暗い空間に、手作り感ありすぎなリングが半分ほどを占めていた。さらにリングのその向こうに、若者たちが一列に並んで立っている。皆、まだ体は細く緊張の面持ち。どうやら外にいたのはウエインの弟子たちの中でも上級者たちだったようである。ウエインが指示を出し、若者たちがリングの手前に机とイスを用意した。

「街の人たちを呼んでくるから、座っていてくれ……」

ミート＆グリート。タダでうまい棒がもらえるという、エセ情報にツラれ道場へ集まってきたような素敵な笑顔だ。

しばらくすると、来るわ来るわ。ＷＷＥのシャツを着ている人、歴代スーパースターの写真集を持ってくる人、オレのフィギュアを持ってくる人……80人ほどの老若男女が入れ代わり立ち代わりサインや写真撮影を求めてくる。その中には、単にアジア人が珍しくてきてみただけのような人も何人かいたが、ほとんどはＴＡＪＩＲＩという者が何者なのかきちんと把握している人たちだった。オレがＷＷＥを離れてすでに

13年の歳月が経過している。こういうとき、オレはいつも思うのだ。テレビの力はモノ凄い、と。

トイレはなくても夢はある！

ミート&グリートも終わり、セミナーは17時開始予定。しかし時間が迫っても始まる気配がない。

「皆まだ本職が終わらない、集まるまで待ってくれ……」

そうなのだ。世界でも、プロレスだけで食っていけるレスラーはほんの一握り。それはここマルタでも変わらない。

早くから来ている若者たちは、準備運動をすでに2周はしてしまっているようである。と……あることに気が付いた。ＤＯＪＯの、ある位置から奥へ向かう若者たちが、いったん止まって足元で何かをしているのだ。何をしているかは、リングの陰になっていて見えなかった。近づいてみると、足拭き用のマットがあった。

「ここまでは見学者が入ることもある。だがその先は生徒しか入れない神聖なＤＯＪＯスペースだ。だから足を拭かせる。それがジャパニーズＤＯＪＯスタイルだろ……？」

ウエインという男は、もしかするといまどきのニホンジンよりもよっぽど日本人なのではないか？　と思った。と……オレはトイレにいきたくなってしまった。

「トイレどこ？」

「ない……」

「ない⁉」

「誰かに連れていかせる……」

トイレはおろか、水道すらないという。眼鏡をかけた真面目そうな若者が「こちらへお越しくださいませ！」と手招きした。ついていくとＤＯＪＯから少し離れたところにサビだらけで粗大ゴミのようにオンボロな車があり、それに乗ってくださいませという。

足立区竹ノ塚の雑貨屋から240円で買ってきたような奇跡の足拭きマットinマルタ共和国。

「どこまでいくの？」

「はい！　近くの公園の公衆便所であります！」

「いつも皆そうしてるの？」

「はい！　皆そのようにして小便させていただいております！　大便もであります！」

「これはキミの車？」

「はい！　父からプレゼントしていただきましたであります！」

「マルタって、古い車が多くない？」

「マルタは裕福な国ではないので新車はなかなか買えないであります！　だけどプロレスで稼いでいつか必ず新車を購入させていただくであります！　そうして両親に家を買ってあげるのがボクの大きな夢なのであります！」

久しぶりに聞いた。プロレスで稼いで、車や家を買うという若者の夢を。これまで日本で多くの若者たちを教えてきたが、そんな夢はほとんど聞いたことがなかったかもしれない。ここは、日本ではない。ここは、マルタ共和国。

秘伝・TAJIRI流プロレス3つの基本

18時前になった。

「始めてくれ……整列！」

11人の生徒たちが並んだ。いよいよの開始に、皆緊張しているのが薄明りの中でも手に取るようにわかる。まずはリラックスさせたい。オレは、自分で言うのもなんだが指導者としてはかなりやさしい。というかピリピリした空気がオレ自身苦手なので、そういう指導をする人じゃないんだという認識を最初に与えておきたいのだ。

「ええ……もしも私の英語がわからない場合、実は日本語堪能なウエインが通訳してくれるそうなので、皆さん安心してセミナーにのぞんでください」

ウエインが肩をすくめると、皆いっせいに笑ってくれた。冗談としてはちっとも面白くなかっただろうが、こちらの心意気を感じてさえもらえればそれでいいのである。

さて、まずは「いつもどおりの」練習をしてもらう。そうして、アドバイスが必要であればするし、必要ないならどんどん先へ進んでもらう。それがオレのいつものやり方である。そもそもいまどきのプロレスの練習方法というもの、日本でも世界のどこの国でもおおよそ流れは決まっている。

マット運動↓受け身↓ロープワーク↓投げられての受け身↓実戦的な技のコンビネーション↓スパーリング↓補強運動

補強運動を最初にやるか最後にやるかくらいの違いはあるが、だいたいこんな感じである。そして、オレの指導ポイントは、次に挙げるたったの3つだけ。まずは、

①マット運動の際に「進みたい方向を見る」

人間の体というものは、目が右を向いていれば体も右へいってしまうし、左も同様。だから、正面に進みたければ正面を見る。たったそれだけ。しかし、多いのだ。マット運動の際に「下を」向いてしまう人が。すると、体が「下へ下へ」まるで地中へ進んでいくよ

うに動きがどんどん小さくなってしまう。すべての動きを下を向いてスタートさせるクセがついてしまうと、すべての動きが小さくなってしまうのだ。これはその後のすべての動きに連動し、その人のプロレス自体を大きく左右してしまう超重要ポイントである。次に、

②リングの上に「十字の2本線」と「対角から対角への2本線」を描きイメージすること

つまり、リングの上が「米」の字にラインで区切られているとイメージするのである。そして、すべての動きをこのライン上でおこなうこと。もしもラインから外れてしまったらすぐにいずれかのライン上へ戻る。なぜかというと、プロレスの攻防のほとんどが、そのライン上のいずれかでしかおこなわれないからだ。それ以外の位置にいると、結局元へ戻らないと次へ進めないことが多いので二度手間となり、試合がスムーズに流れずバタバタしてしまうのである。そして3つ目。

③大抵の動きは最後の一瞬に加速すること

武藤敬司選手のフラッシングエルボーを思い出していただきたい。途中はスローだが、最後のバタバタバタ！　だけが速いのだ。最後に加速することにより動きが速く感じられるのである。つねに同じ速さの動きは、仮に速くても余韻の残らない速さというか、せっかくの速さも速いという印象を持たれずに死んでしまう。オレはいつもこの原理を、ショ

練習後の集合写真。右上の男は練習中に今夜の晩メシの予想にウツツを抜かしていたため、ロープにハリツケの刑に処されている。

ルダータックルをとおして教えることにしている。

ただし、これらはあくまでプロレス初心者に対する指導ポイントである。もう少しレベルが上の者にはそれ相応のさらに細かい指導をしていく。それでも基本的に「技」の指導はほとんどやらない。基本的な技は大前提としてしっかり教えるが、それ以上の高度な技は運動神経さえよければ学生プロレスでも模倣が可能だからだ。ただし、その裏側にどれほどしっかりした理論が裏付けされているかによってホンモノとニセモノに分かれていく。だから、理論をしっかり教える。

オレの持論だが、高度な技は個人の成長過程に応じて自然と身に付いていくものであり、それればかりを追い求めるとプロレスそのものが薄っぺらになり果ててしまう。それでもオレが、初心者の上級あたりからガンガン反復させる唯一の技がある。アームドラッグだ。アームドラッグの攻守のタイミングさえしっかり身に付いていれば、ほとんどの技に応用できる。自分自身の経験から、そのように感じている。

砂埃と、プロレスを愛する誇りに満ちた男たち

さて、そんな3つのポイントを要所要所で噛み砕き理解&実践させていくと、受け身の段階で2時間や3時間はあっという間に経過してしまう。そして、この3つを意識させたうえで基本技だけによるスパーリングをやらせると、これがもう本人たちも魔法にかかったのか？　とビックリするほど、それはそれは見違えるように美しいプロレスへと自動的に仕上がってしまうのだ。ただし繰り返すが、これはあくまで初心者への必要最低限な初歩的指導内容である。プロレスの道は海千山千イバラの道。たった3つの理論で一流になれるほど甘くはないことを付け加えておく。

3時間に及ぶセミナー中、ウエインが自ら単なる一受講生となっていたことは驚きだった。体が大きいために難しいムーブでも「くそっ……！」と悔しさを露わについてくる。普段は指導している生徒たちの目など一切おかまいなしだ。

そして、最後のスパーリングでのパワフルさが凄まじかった。もともと、この日教えたことなんてとっくに身に付いているのだ。不要な技を用いることなく、地味な技でも魅せ方と強弱が身に付いているので大きな体がより大きく、その姿はまるで怪物のようだ。いつか彼を日本へ呼ぶことになる団体はラッキーである。いまや洗練されたカッコいいガイジンだらけとなった日本マットに、この野生の怪物はあまりにも斬新なはずだ。

夜の繁華街。ウエインと二人。レストランでビフテキを嚙みしめ、ビールと赤ワインを飲んでいる。

「マルタにきてくれてありがとう……」

「こちらこそ。たった二日しかいなかったけど、今度はもっとゆっくり来たいね」

「また来てくれるか……?」

「もちろん！　ウエインもいつか日本へ来れたらいいよなあ」

「いく、必ず……」

小柄で色が浅黒いウエイトレスの女の子が、新たなビールを運んでくる。伝統的なマルタ産の女の子だという。するとウエインが、

「俺は、色が白くて髪が黒い子が好きなんだ……」

当初は必要最低限なことしか口にしなかった彼が、いまやタイプの女性まで自ら口にしてくれている……ん？　色が白くて髪が黒い子って、それってまるで日本人ではないか。もう一度、同じ言葉を口にしてみる。

「ウエインもいつか日本へ来れたらいいよなあ」

と、そのとき、オレの携帯が鳴った。メールだ。酒の瓶が何本も並んでいるお気楽な写真が添付されており、文章はたった一言。

「I'm ready!!　send from Red Eagle」

明日、セミナーのために向かうポルトガルからである。酒の写真で「I'm ready!!」とはいったい何の準備がＯＫなんだ⁉

「イーグルからだ」

「相変わらず面白ヤツだな、ハハハ……」

ウエインがマルタの力道山なら、このレッド・イーグルはポルトガルの力道山。オレはこの男を、ガキンチョのような顔をしていた6年前から知っている。まだポルトガルにプロレスを創設していない6年前の彼は「純粋無垢なプロレス少年」という印象だった。しかしウエインの反応から察するに、どうやらいまでは欧州プロレス界の「面白いヤツ」に成長しているようである。

「そろそろいこう、明日は空港まで送っていく……」

石で造られた海賊の要塞に、潮風が吹きつけ砂埃が舞っている。車に向かうウエインのうしろ姿を眺めていると、きょうの、ＤＯＪＯでのあるシーンが脳裏に蘇ってきた。セミナーを終えたとき、黒い靴の裏が砂埃で真っ白になっていたのだ。足拭きでどんなに拭いたところで、やはりマルタは砂埃の島なのだ。若者たちの表情も埃でまみれていた。しかしそれはプロレスにかかわっている「誇り」なのだと思った。プロレスを愛する誇りに満ちた男たち……そんなマルタのプロレス物語だった。

旅のあと①

イタリアの「子供」は今――

この章のイタリア篇に登場してくる「子供」だが、その後、彼は全日本プロレスに来日し、現在ではメインイベントも務める立派なプロレスラーへと成長している。

そう、この「子供」は、フランシスコ・アキラである。

初めて出会ったこの時点で、アキラはまだ学生だった。それから数カ月後、

「学校を卒業しました。ボクは世界に通用する一流のプロレスラーになりたい。そのためにどうしても日本へ行きたいのです。ＡＬＬ ＪＡＰＡＮを紹介していただけないでしょうか？」

というメールがきた。

当時全日本の社長だった秋山準さんに写真を見せたところ、

「こんなに細くて大丈夫なんですか？」

と不安な顔をされたが、オレには確信があったのでこのように答えたはずだ。

「いまはまだ細いですが、ガンガン鍛えてデカくさせます！　人間性と将来性

も保証します！　絶対に大丈夫です！」（マルタで公衆便所へつれていってくれた練習生風）

とは言ったものの『2019 Jr. BATTLE OF GROLY』の参加メンバーとしてとうとう初来日を果たし、後楽園ホールの控室で約1年ぶりに再会したアキラにオレは、

「あれ……こんなに細かったっけ⁉」

と、少々不安になってしまった。何しろこの時点で弱冠19歳なアキラの体重はたったの68キロ。巨漢レスラーがゴロゴロひしめく全日本では、細身がより細く見えてしまう。

しかし、来日初戦は確か6人タッグマッチだったか。アキラは無難にこなした。そして、第二戦は地方大会。前日移動だった。アキラの来日を祝し、オレとギアニー・ヴァレッタとディラン・ジェームスの4人で地方の夜の繁華街へと繰り出した。

オレは初来日のガイジンと飲み屋へいくと、彼らのために『日本にはこういうノーマルなモノもちゃんとあるから安心してくれ』という意味で、まずは鶏のから揚げとフライドポテトを必須で頼むことにしている。このときもそうした。あとは彼らの嗜好に任せるというか、オレが頼む塩辛やナマコなど日本の

見慣れぬモノを口にするならすればいいし、ビジュアル的に無難そうなものを追加するならすればいい。とにかく強要は一切せず、彼らの好きなようにしていただくことを第一義としている。

ただし、このときはヴァレッタにディランという、すでに日本慣れしすぎている二匹の野獣が薄笑いを浮かべていた。

「イタリアンボーイが食えなそうなモノばかり食わせてみようぜ！」

よくある展開。ジンジャーエールを飲みながら鶏のから揚げとフライドポテトをたいらげ、次は平穏無事に野菜なんぞを頼もうとしているアキラに、

「せっかく日本にきたんだから、ＴＡＪＩＲＩが食ってるようなモノを食わないとダメじゃないか！」

小鉢の中の、ガイジンが苦手そうなウネウネしたものに「さあ！　さあ！」と無理矢理箸をつけさせる二人。しかも「そのビラビラしたのはネコの肉だ……グヒヒ！」とか「そのグリグリしたのはサルの目玉だぜ……ゲハゲハ！」などと脅すこと脅すこと。あの風貌でその意地悪さは、凶暴なビジュアルで村人をいじめまくっているがページをめくると秘孔を突かれ「あべし！」と破裂している、北斗の拳に出てくる三下荒くれ者のようだった。

先に書いたようにオレは一切強要こそしないものの、こういう展開は黙って

静観するようにしている。なぜなら、単純に面白いからだ。アキラは怯《おび》えていた……ように見えた。しかし……パクパクと、何でも食ってしまったのだ。なので少しも面白くはなかったのだが、その瞬間に見たような気がした。アキラ少年の、日本という異国でのし上がるんだという強い決意を。ちなみに、そんなアキラでも納豆だけはいまだ大の苦手としている。さらには馬刺し。イタリアでも馬は食するそうだが、さすがに生では気色悪いとのこと。

そしてマルタ編に登場してくるウエインとは、同じく全日本に何度も登場したギアニー・ヴァレッタである。この旅から帰国後の2018年4月に、

「ALL JAPANにいけないだろうか」

と、すぐにメールが来たので、やはり秋山さんに試合動画を見せたところ、

「これはいいですね」

と即決。たった3カ月後の7月に初来日が決まった。しかもオレと組んで、当時、諏訪魔選手と石川修司選手が保持していた世界タッグ王座に博多スターレーンで挑戦という好待遇。敗れたものの、その後のレギュラーの座を一発で不動のものとしてしまった。

コロナ渦の現在、久しく来日が途絶えているが、世の中が平常を取り戻した暁《あかつき》には真っ先に来日してほしい。そして、それまでほとんど飲まなかったくせ

に日本でやたら強くなった酒を飲みにいかなくてはならぬ。何しろヴァレッタ、「ＡＬＬ ＪＡＰＡＮに来て最初のシリーズでＴＡＪＩＲＩに飲まされた酒の量は、それまでの人生で飲んだ酒の量を確実に上回っていた」

とのことで、いまでは勧めずとも自ら必ず毎晩酒を飲む頼もしき漢へと変貌を遂げている。プロレスラーは、こうしてますますプロレスラーらしくなっていく。

※そして、この本の最終校正日直前の6月3日に開催された全日本プロレスのジュニアヘビー級16名参加トーナメント『2021 Jr. BATTLE OF GLORY』において、フランシスコ・アキラは初来日からたったの2年にして、なんと優勝を果たしてしまったのだ。ちなみに一回戦でアキラにやられたのは、彼を日本へいざなったこのオレだった。そろそろマルタの砂塵となり、空に帰る時期がオレには近付いてきているのかもしれない。

第2章

旅人は理想郷をさがし求める

――ポルトガル、オランダ篇――

ポルトガルはユーラシア大陸最西端に位置し気候的に温暖な土地が多く、また西欧では最も物価が安く、昼の定食がおおよそ300円程度でコーヒー1杯100円以下。とても暮らしやすい国という私的印象。街中には原色の建造物が建ち並び、人々の性質も温厚でやさしい。まるでおとぎの国である。オランダは世界でも有数の高平均身長国家であり、男性の平均身長は184センチ、女性は171センチ。街を歩けば見上げるような大男や大女にも遭遇する。物価は欧州の中でもそこそこ高く、昼の定食が1200円ほど。モノによっては日本より遥かに高いものもあるなど色々と「高い」国という私的印象である。同国においてプロレスはまだ限られたマニアにしか認識されていないが、キックなどの格闘技は国レベルでの「高い」人気を誇っている。

ポルトガルにプロレス創世記を綴り続ける青年と老人がいた！

2018年4月3日

キミは深夜の空港で天丼3つを手渡されたことがあるか？

飛行機がリスボンに到着したのは、日付が変わろうとしている深夜だった。

ポルトガルにプロレスを創設したマスクマン、レッド・イーグルと6年ぶりの再会。前回会ったのはオランダでのショー。当時駆け出しだった彼も、ポルトガルから参戦していたのだ。「若手」というより単なる「ガキンチョ」。まだプロのレスラーになりきれていない、そんな印象だった。

その後はメールのやり取りをしたり、SNSでマスク姿の写真こそ目にはしていたものの、正直オレは彼の素顔をほとんど忘れてしまっていた。

酒の写真を送ってきて「I'm ready!」、いまや欧州プロレス界の「面白いヤツ」だ。昨夜からオレの頭の中で、彼の素顔はブ男だったにちがいないという勝手なイメージが出来上がっていた。

荷物を取り、出口へ。深夜だというのに、たくさんのお迎えの人たちがゲートの前にたむろしている。すると、その中のひとりが大きな声で叫んだ。

「TAJIRIサーン！」

イーグルだな。しかし、群衆の中から歩を進め笑顔でこちらへ向かってくるのは、スーツを着た超二枚目青年ではないか。すぐ近くまできてもう一度叫んだ。

「TAJIRIサーン！」

レッド・イーグルの写真だが、優秀な部員は金網向こうのグラウンドで必死に練習に励んでいるのに、補欠で監視がないのをいいことにマスクをかぶり遊んでいる陸上部員に見えなくもない。

そのまま雪崩れ込むように強くハグしてくる。やはり、この超二枚目青年がイーグルなのだ。親愛の情を示してくれているのに、こっちは素顔すら覚えていなかったばかりかブ男設定までしてしまい申しわけなかったな。

「ポルトガルまでようこそぉー！　会いたかったですよぉおおおおー！」

それにしても……テンション高めなこの男、本当にイーグルの中身なのだろうか？　若い頃のレオナルド・ディカプリオをちょっと野性的にしたような、実に実にイイ男である。オレの中でのギャップが大きすぎてどうにもシックリこない。とりあえず「久しぶり、元気だった⁉」なんて当たり障《さわ》りのない返事をしてみる。

「元気ですよおー！　ＴＡＪＩＲＩサーンも元気そうですねえー！」

「スーツなんか着て、仕事場から来たの？」

「ノー！　ジャパンからのスペシャルなゲストを迎えるにふさわしいゴージャスな恰好をしてきたんですよおー！」

お迎えのためだけにゴージャスなスーツで着飾ってきたというのだ。お茶目にもエレガントを気取ったポーズなんか決めて見せている。と、そのとき気が付いたのだが、エレガントな手になぜか油の染みた汚い紙袋を下げている。

「その油まみれの袋は何？」

「あ、これはプレゼントです！　どおーぞおー！」

手渡された袋の中を覗くと、油ギトギトな惣菜パンが３つ。

「名物の惣菜パンでえーす。長旅でおなかペコペコでしょおー？　遠慮せずいますぐここで食べてくださあーい！」

瞬時に、このシチュエーションを日本に置き換えてみた。長旅で真夜中に成田へ着いたばかりの外国人に、油ギトギトな持ち帰り天丼３つなんぞを手渡し、「いまここで食べてください」とディカプリオが勧めているのである。オレの中での大きなギャップが一瞬にして埋まった。

「いや……いまはいいや……それより早くホテルへいきたいなあ……と」

「そうですかあー！　じゃ早速ホテルへ……あ、こっちはパートナーのデヴィットでえーす！」

さきほどからイーグルの近くに何となくいた、知り合いなのかそうじゃないのかよくわからなかった老人。やはりスーツを着て白髪頭に鋭い目つき、少々背中が曲がっている。握手をするとニヤリと笑みを浮かべ、「3日間よろしくのう……フフフ！」と、その口調はおだやかだが得体の知れない怪紳士だ。きっとイーグルの団体をスポンサードする社長さんか何かなのだろう。車に乗り込みホテルへ向かった。

真夜中のリスボン市街。石畳の道路。オレンジ色の裸電球。オモチャのように小さな車たち。まるで欧州のおとぎ話のような国、そんなポルトガル。

ブスの加工しまくりなインチキ写真か、このホテルは！

「このあたりのはずなんだけどなあー」

なかなかホテルが見つからない。運転するデヴィットにイーグルが横から方向指示を出してはいるのだが、さきほどから同じ道をぐるぐると回っている。

「TAJIRIサーン、疲れたでしょおー？　ホテルにはすぐに着きますからねえー、昨夜写真で送ったとおり、本当に素敵なホテルですからあー！」

昨夜イーグルから「I'm ready!」の酒の写真のあと、ホテルの写真も送られてきていたのだ。コンパクトな部屋だがなかなかよさげで、早く着いて横になりたかった。

「あ……きっとアレだあー！」

イーグルが指さしたのは、ホテルの看板も何も出ていない古い建物だった。まるで普通の小汚いアパート。イヤな予感。「ワシは車の中で待ってるぞよ、また明日……フフフ！」

相変わらず怪紳士なデヴィット。

ホテルの正面にかわいいノラ犬がチョコンとおすわりしている。イーグルが頭をなでると、テクテクどこかへいってしまった。入口のドアを開けようとするとカギがかかっている。ブザーを押すと、太っちょのハゲたオヤジがめんどくさそうに出てきた。

「予約していた者なんですけどおー、到着が遅れてすみませえーん！」

夜のリスボン。この写真を撮っていたとき、確実にラリッているハゲのデブが意味不明な雄叫びを上げフラフラこちらへ近づいてきており、結構ビビッていた。

第2章 旅人は理想郷をさがし求める——ポルトガル、オランダ篇

「ああ……入って」

不愛想に宿泊手続きをするオヤジに、どうでもよさそうなことをずっと話しかけているイーグル。うんざりした表情でイーグルの手にカギを押し込むオヤジ。そのまま奥へと消えていってしまった。イーグルはそんな様子をまったく気にした気配もなくカギをオレに手渡し、

「セミナーはあさって。明日はなにもないけどどうしましょうかー!? 夜はもちろん一緒に酒ですよね？ ハッハッハ！」

「……じゃ、まずは昼過ぎにジムへいけるかな？」

「OKでえーす！ では1時にお迎えにあがりますよー！」

「ありがとう、気を付けて帰ってね」

「ありがとうございまあーす！ 惣菜パン食べてくださいねえー！ また明日あー！」

さわやかな嵐のように去っていった。

さて、あらためてホテルの中を見渡すと……まあ古くて小汚い。壁に貼られたビートルズのポスターすら、メンバー全員が貧乏に見えてくる。ギシギシ鳴るラセン階段を昇り二階へ。暗い廊下。あ、この部屋だな。ドアにうっすらと部屋番号が見える。開けると部屋の中はさらに真っ暗。一歩入る。ガツン！ 足に何かぶつかった。何だ？ 手さぐりで電気のスイッチを探し点けた。と……。

一歩入っただけなのに、足先にもうベッドがあった。ベッドだけでいっぱいな部屋。それはまるで、まず部屋の中にベッドを据え置き、そこから15センチほどだけ離した周囲にあとから壁を作っていったとしか思えない状態なのだ。そうでなければどのようにして部屋の中にベッドを入れたのか、皆目見当つかないぞ、こんなもん。

「な……何だこりゃあ⁉」

ただしよく見ると、ベッドの足側の壁を凹ませた部分が小さなクローゼットのようになっており、反対側の向こう開きなドアの奥にはシャワーとトイレもあるようではあった。ベッドと壁のわずか15センチほどの隙間をカニのように横歩きし、クローゼットの部分へ。そこにカバンをおろすと部屋の中のほぼ全てが埋め尽くされたように思えた。

そして、ベッドの頭側の壁には大きな風景画が。これと同じような光景をつい最近どこかで見たような……あ！　昨夜イーグルから送られてきた写真と同じではないか。なるほど、その場にしゃがんでうまい具合にこの光景を撮ると素敵な部屋に見えてしまわないこともない。ここはきっとホテルというより、貧乏旅行者向けの簡易宿泊所のような施設なのだ。ただしイーグルは何も知らずサイトの写真に騙され、「安くてナイスなホテル発見ええええーん！」くらいなカンジなのだろう。

ブスの加工しまくりなインチキ写真に騙されたような気分。一瞬無性に腹が立ったが、すぐさま力のない笑いに変わった。そのままベッドへ倒れこみ、仰向けになる。天井を眺めると、そうか、この部屋はベッドの上を歩けばどこへいくにも最速最短で到着できるんだなということに気が付く。瞬時にして環境に適応し始めている自分に笑えた。そのまま眠りに落ちていた。

2018年4月4日 かわいらしいリスボンという街

翌朝。部屋には時計すらない。腕時計を見ると9時過ぎだった。首をほんの少しだけ動かせば全景が見渡せる部屋。もはや油を吸いまくり、すっかり変色しきった紙袋が目に入る。そういえば、昨夜はとうとう何も食わないまま寝てしまったのだ。とたんに腹が減ってきた。イーグルには申しわけないが紙袋の中身は永久にお蔵入りとし、外へメシを食いにいくことにした。

朝のリスボン。リスボン……まず名前がかわいらしいではないか。赤・青・黄・みどりなどの原色だらけな建物の合間を、黄色い電車がゆっくりと走っている。

あちこちのカフェからはコーヒーの匂いが漂い、犬の散歩の途中の老夫婦や栗色の髪の女の子たちが、小さなカップのカプチーノとお菓子を楽しんでいる。

ポルトガルは今回が2度目である。前回きたのは7年ほど前。ハッスルが崩壊し、オレを中心としたSMASHという団体の構想計画が立ち上がる直前のこと。今後どうしていくかを一人ゆっくり考えようと、以前からいってみたかったポルトガルへ飛んだのだ。

そのときは、リスボンからバスで2時間ほどのナザレという港街を気に入ってしまい、結局、毎日海を眺めて10日ほど過ごした。リスボンにいたのはほんの数日だけだったが、いま歩いているこの道を、もしかしたらそのときにも歩いたような気がした。

石畳の坂の途中に小さいお洒落なレストランがあった。中を覗くも様子がよくわからない。と、ドアが開き、朝から陽気に酔っぱらったオッサンが2人出てきた。ここにしようか。中に入ると、片側がカウンターでコーヒーを立ち飲みしている人たち。反対側にはテーブルがいくつか並んでおり、朝から酒を飲み食事をしている人たちがいる。空いていたテーブルに座ると、チョビヒゲをはやした細身のおじさんがやってきて「何にする?」と聞く。

「メニューをもらえませんか?」

「メニューは壁に貼ってあるよ」

ちなみにオレはスペイン語を多少話せる。ポルトガル語はスペイン語に近いので会話は何となく成立するが、これが文字でも理解できるかというと、なかなかの違いを感じメニューを見てもよくわからない。

「どういうものが食べたいんだい?」

「何でもいいんですが……では、おじさんのおススメのものをください」

「ＯＫ！」

前回来た際も感じたのだが、ポルトガル人は全般的に人柄がいい。やさしいというか、おとなしいというか、つつましいというか。でしゃばりではなくズケズケものを言うこともない。向かいのテーブルで一人ワインを飲んでいるおばあちゃんと目が合うやニッコリと頷いてきたので、つられてオレもニッコリしてしまった。

「さあ、これで満足してもらえるかな？」

運ばれてきた料理は皿の半分に焼いたブタ肉、もう半分に揚げたジャガイモ、その隙間に小さくゴハンが盛られていた。ブタ肉を噛むと醤油とニンニクのような味がして、日本人の舌と相性の良い味付けだ。その味を追うようにゴハンを口にすると、まるで日本食のようだ。忙しそうなチョビヒゲおじさんが向こうのテーブルを片しながらこちらを見て、「どう？」というゼスチャーをしたので親指を立ててニッコリすると、やはり親指を立ててニッ

中学生のとき、弁当箱の中に一切の仕切りがなく蓋を開けるといつも中身がゴチャ混ぜになっている弁当を恥ずかしそうに隠し食っているクラスメイトがいたことを、なぜかこのとき思い出した。

コリを返してきた。

社会の格差の現実で生きる者たちの無機質な眼ざし

午後。ジムへいく用意をし、ホテルの前でイーグルの迎えを待つ。と、昨夜のかわいい犬がやってきたので頭をなでると、またもやテクテクどこかへいってしまった。目の前に車が停まる。

デヴィットじいさん。警察に捕まると得意の世界平和論を唱え始め、その隙を見て逃げ出すことで所轄内では有名な自動車泥棒常習犯ジジーのようにも見える。

「TAJIRIサーン、お待たせぇー!」

車に乗ると運転席のデヴィットが後ろを振り返り、「昨夜はよく眠れたかな?……フフフ!」と右手をさし出してきた。

二人ともきょうは普通の服装だ。

「いいホテルだったでしょぉー!?」

「あ? ああ……最高、いろんな意味で」

「それはよかった! きょうの予定はで

すね、いまからジムでトレーニング。そのあとボクらの団体CTWの道場を見てもらいます！　そして最後はボクの家でTAJIRIサーンの大歓迎会でえーす！」

本日も相変わらずテンション高めなイーグル。20分ほど走ると、ビルの合間の雑然とした細道を曲がった。

と、いきなり……それまで走っていた明るい表通りとはガラリ雰囲気が変わる。コンクリート剝き出しの古くて壊れそうな建物だらけ。空気が澱んでおり、どこか緊張感も漂う。廃棄タイヤや鉄屑が散乱する舗装されていないヌカるみに車は停まった。そこから先へは進入できないようだった。

「ジムはこの先でえーす！」

「随分汚いとこだなあ……街中のゴールドジムにでもいくのかと思ってた」

「汚くても気にしない！　ボクがプロレスラーを目指した少年時代から通い続ける由緒正しきジムなんですからあー！」

デヴィットに車を降りる様子はなく、「1時間半ほどしたら迎えにくるとするかのう……フフフ！」と、早々とどこかへ消えてしまった。

「ジムはこっちですよおー！」

歩き出すイーグル。と、ピタッとその足を止め振り返り、

「TAJIRIサーン、貴重品はしっかり押さえておいてくださいねえ……」

「何⁉」

「きょうは随分たくさんいるなあ……」

「だから何が⁉」

「ジ○シーたちですぅ……」

イーグルが視線を戻したその前方。道端のドラム缶の上にカードを広げ、賭けでもしていたのか。薄汚れた服を着た、黒とも褐色ともつかない肌色をした数人の男たちが、感情を読み取れない無機質な眼でオレたちを静かに観察していた。

先ほどまでのかわいらしいポルトガルからほんの一歩路地裏。詳しい事情を聞かなくても一瞬で理解できる。どこの国にも存在する社会の格差。緊張しながら横をすり抜けるオレたちを、彼らは変わらぬ無機質な眼でジッと追い続けている。その視線を背後に感じたまま足早にその場を立ち去る。何事も起きなかった。

「ポルトガルに彼らは多いの？」

「はい、特にこのあたりはディック・タイダー時代のなごりでぇー……」

その後もイーグルがポルトガルという国について何か説明するとき、頻繁に口から出てきた「ディック・タイダー」（オレにはこう聞こえた）という名前。きっと近代史に大きな影響を与えた政治家の愛称か何かだと思うのだが、その解説をイーグルに尋ねても政治専門用語が多くてよく理解できなかったし、ネットで調べてもとうとう判明しなかった。

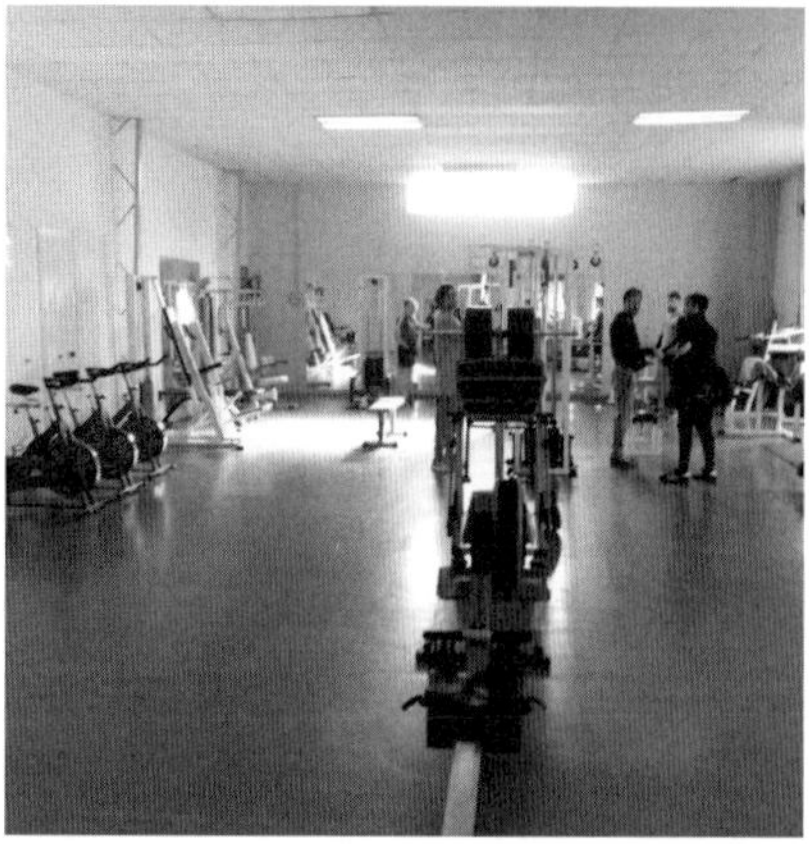

「脱獄不能」「失われた希望」などの言葉がやけに似合う、刑務所をモチーフにした造りで新規入会者取り込みを狙うハイカラなジムのような気がした。

もしかしたら誤って聞き取った発音から検索していて判明しないのかもしれないが、とりあえず間違いなさそうなのは未だこの国にはこのような人たちが多数存在し、このあたりには特に多く住んでいるということだ。

ジムに着いた。建物が2つあり、外に面した渡り廊下でつながっている。

「こっちの建物が更衣室、ジムはあっちの建物です。先に着替えてジムへいきましょおー！」

着替え終わると、

「貴重品は絶対、ここには置かないでジムへ持っていってくださあーい。連中が盗みにくることがありますからあー」

これも、ポルトガルの日常ということである。

建物も器具も古いジム。ちょっと前、まだゴールドジムなど綺麗なジムができ始める前までは、日本でもジムといえばこんなふうだった。こういうジムのバーベルは、これまで無数の人たちがバーを握ってきた歴史で握りやすいよう微妙に変形しているように感じる。

黄色い市電が走る丘の上のデジャブ

会長さんや会員さんたちとしばし談笑しているイーグル。オレは腹筋に始まり、腕のウエイトトレーニングからの自転車で有酸素運動。ここ最近は、筋肉を鍛えることより全体的なコンディション調整に主眼を置いている。オレももういい歳なので、あまり重いものを持ち上げたり激しく鍛え込むと、関節が弱っていく感じがするのだ。

イーグルは下半身を鍛える日のようだった。それほど高重量ではないが、バーベルを担いだスクワットを黙々とこなしている。その丁寧なフォームを見て思った。彼はきっと、バランスのいい綺麗な動きをするレスラーになったんだな、と。そういうタイプのレスラーは、どんな運動をするときもまずフォームの丁寧さを重要視する。逆に、そのあたりからどうでもいいやとないがしろにするタイプは、ヒモの結び目がどんどんほどけていくように些細な無丁寧さがだんだんと試合全体にまで広がっていく。何事も一事が万事だ。

40分も自転車をこいだ頃、

「ボクは終わりましたよおー！」

と言うので、そろそろ切り上げることにした。ジムの会長さんにお礼を述べる。

「イーグルのゲストならいつでも大歓迎だ、明日も来たければ遠慮なく！」

他の会員さんたちも寄ってきてイーグルと握手したりハグしている。彼はきっと、こうして誰からも好かれているんだろうなと思った。

もときた道へ戻るとジ○シーたちはもういなかった。その向こうにお迎えのデヴィットの車があった。

「いい運動ができたかな？　フフフ……」

相変わらず怪紳士なデヴィット。

「さあ、次はボクたちのＣＴＷ道場へいきましょぉー！」

車で走ること20分。丘の上に出ると、いきなり視界が広がった。三角や四角の家々がつらなる街を見おろす。その向こうには青い海が見えている。黄色い市電がゆっくりと丘を登りだんだんこちらへ近づいてきている。

「道場はすぐ近くですよぉー！」

はて……。

オレはこの光景を以前にも見たような気がした。今朝ホテルの周りを歩いているときにもそう思った。

「ここはホテルからどれくらい離れてるの？」

「この丘をおりるとすぐホテルですよぉー！　あ、道場に着きましたぁー！」

停まった車の脇を黄色い市電が通り過ぎるとき再び思った。やはり、ここには以前も来たことがある。そうだ、前回オレはこの黄色い市電に乗ってリスボン市街を見渡せる展望台へいったはずだ。

「この近くに展望台はある？」

「ありますよー！　すぐそこがそうですよおー！」

やはりそうだったのだ。イーグルがポルトガルにプロレスを創設したのが5年前。オレが前回ここへ来たのは7年前だから、まだ彼が道場を構える2年も前に、オレはたまたまこのあたりをウロついていただなんて、何という奇遇だろう。

「ここの2階が道場でえーす！」

む……!?　ビルの壁に日本語で「空手」と書かれているではないか。

「ここは空手道場なの？」

「空手道場の空きスペースに練習の都度リングを組み立てまあーす！　明日のセミナーで、いまちょうどみんなリングを作ってるはずですよおー！」

暗い階段を2階へ上がる。タバコの匂いがした。

以前、何かの動画で、この道場とソックリなカルト宗教団体の修験場を見たことがあった。

神聖なる道場でタバコの匂い？　さらに、おっちゃんたちがカウンターに寄りかかりビールを飲み大笑いしている。これは立ち飲み屋ではないのか？　はたして、そうだった。道場と同じフロアに立ち飲み屋があるのだ。

カウンターのマスターも酔っ払いのおっちゃんたちも、イーグルやデヴィットとは身内同然のようである。カウンターの横をくぐる。今度はしっかりと「いかにも外国映画に出てきそうな」空手道場があった。

「いまは日本に帰っておるが、ここにはかつてフジワラという師範がおって熱心に御指導

ローマ字で『KARATE』の文字も。昔メキシコの露店で邦貨20円で売られていた『KARATE』という、命名の由来がどう考えてもわからないクソマズな袋入り豆菓子を思い出した。

立ち飲み屋で左のオッサンを見た瞬間、昨夜路上で雄叫びを上げていたハゲのデブかと思い「お前なんでこんなところに！」と、その後ろ姿へつい叫びそうになった。

されておった、フフフ……」

背後からいきなりデヴィットに声をかけられ飛び上がりそうになった。

「お、現在の大先生の登場のようじゃな、フフフ……」

太ったメガネのポルトガル人空手マスター登場。

自分がいかにフジワラ先生を尊敬しているかを熱く語ってくださった。壁にはフジワラ先生の写真や日本語で書かれた免状などがたくさん。空手道普及のために海を渡った男たちの格闘ロマンがプンプンと漂ってくる。

本当は単なる立ち飲み屋の常連だが、勝手にカラテ着を着用し大先生になりすます『空手バカ一代』大好き系コスプレオッサンという噂もある。

こちらがフジワラ先生の写真。よく見りゃカラテ着姿な藤原竜也の写真だったりしたら末代まで語り継ぐところだった。

老人が語るポルトガルのプロレス創世記

「こっちでみんな、リングを作ってますよおー、早くうー!」

隣のスタジオ。大勢の若い男女が小さなリングを楽しそうに組み立てている。こちらに気が付き一斉に駆け寄ってきた。みな緊張した様子はなく、とてもフランクに握手を交わし自己紹介してくる。しばらくオレの周りでそれ以上何を言うでもなくニコニコしていたが、またリング作りに戻っていった。

「このリングはイーグルの父上による愛情のこもった手作りリングじゃ、フフフ……」

またもや背後からいきなりの解説にビビッた。

「そもそも我らがCTWの歴史は、5年前この道場から始まったのだ、フフフ…」

解説はありがたいのだが、その前にオレはこのデヴィット爺さんがイーグルとどのような関係にあるのかを明らかにしたかった。

「ワシ? ワシは単にイーグルを応援している一老人にすぎんよ、フフフ……」

なかなか素性を明かそうとしなかったが、ポツポツ語ってくれたことをまとめると、彼はイギリス人であり、若い頃からプロレスが大好きだった。イーグルが18歳のときにロンドンで出会い、プロレスに対する情熱に惚れ込み、それ以来様々な形で支援を続けている、と。CTWではリングアナウンサーも務めているそうだが、どこまでも謎の多い怪紳士である。

「5年前、CTWはこの道場でショーをおこない、たった20人の観衆の前でその産声を上げたのじゃ、フフフ……」

イーグルがどのようにしてプロレスラーになりCTW創設に至ったかは、あとで本人から聞くことにして、とりあえずデヴィットはこう続けた。

「いまは定期的に道場マッチを続けるかたわら、数カ月に一度のビッグマッチを打てるまでになったが、フフフ……」

CTW道場だが、エプロンの垂れ幕と3本のロープを身内の誰かが売り飛ばしていたことが発覚し、これ以上リングが作れないじゃないか！　と犯人探しに躍起となっている怒りの若者たちの写真ではない。

「これまでの最高観客動員数は?」

「350人じゃ。それにしても世《せ》知《ち》辛《がら》い世の中よのう。この国は欧州最貧国なのでショーのマーチャンダイズで80ユーロ売れればまだいいほうじゃて、フフフ……」

80ユーロといえば8000円弱である。これもポルトガルの現実だ。さきほどのジ○シーたちの姿が一瞬頭に浮かんだ。

「だけど、ワシとイーグルの情熱はいつか必ずや、この国にプロレスの灯火を燃え上がらせてみせることじゃろう、フフフ……」

そうか、イーグルにとってデヴィットは、ビジネスパートナーというよりも人生における「師」なのかなと思った。まだプロレスで儲けは出ていないであろうにもかかわらず、イーグルの情熱に惚れ込み、二人三脚を続けている。その関係は先ほど空手道場を見てきたからか、映画『ベスト・キッド』のダニエルとミスター・ミヤギとかぶって仕方がなかった。

青年が語るポルトガルのプロレス創世記前夜

「そろそろうちにいきましょぉー！　ＴＡＪＩＲＩさんの歓迎会ですよぉー！」

またもや車で走ること10分ほど。そろそろ空が暗くなりかけている。丘の中ほどの横道を入ると子供たちが追いかけっこをしていた。車が停まりイーグルが降りてくると、

「あ、ミゲル（イーグルの本名）だ！」と集まってきた。

「きょうはニホンからお客さんがきてくれたよー！」

オレが降りてくると「オオー！」と歓声が沸き上がる。日本人が珍しいようである。何だか、まだ昭和だった小学生の頃の街の夕方のようだった。

イーグルの家。玄関を入ると、視界いっぱいに荷物がたくさん「住んでいる」。それは

もうずっとそこに定住している家族と共に、これまでのあらゆる歴史の蓄積が山積みになっている状況とでも言おうか。

台所の横に大きなテーブルがあり、イーグルのお母さんらしき人が一人モグモグ口を動かしている。

「あら、いらっしゃい！　おなかが空いてたから先にいただいちゃったよ！　アハハハハ！」

かん高い声でデヴィットになにやらずっと話しかけ、いきなり笑い出したり怒鳴りだしたり喜怒哀楽の激しいお母さん……というか、カアちゃん。デヴィットはもはやこの一家にとって家族同然な存在のようだ。

「TAJIRIサーンの分は、いまボクがこさえますからねえー！」

網でなにかを焼いている。醤油の焦げるような匂い。鶏だった。朝のレストラン同様、白いゴハンの上には目玉焼き。このスタイルはポルトガルの定番のようだ。

鶏を口にすると、醤油とニンニクの匂いが口

いま見ると「ここにあったアタシの酒を飲んだヤツはどこのどいつだあ！」と叫んでいる暴れん坊カアちゃんにも見える写真ではある。

いっぱいに広がった。これも朝と同様である。しかし醤油ではないのだそうだ。醤油の味がする調味料に白いゴハン。ポルトガル人の舌と日本人の舌はお友達。デヴィットが勧めてきたポルトガルの濃い酒をビールでチェイサーしながらどんどん飲み食いする。すっかり酔いがまわり、リラックスしてしまうではないか。しかし、オレには聞いてみたいことがまだ残されていた。

「イーグルのプロレスヒストリーを聞かせてくれ」

「はいっ！　話したくてウズウズしてましたよおー！」

昔から台所に棲んでいるアブラ虫が「いつか人間になってこの台所でお料理を作ってみたい！」という長年の夢を叶えた写真。

イーグル作。中身がゴチャ混ぜの弁当を恥ずかしそうに隠し食っていたクラスメイトのニックネームが『ナイスくん』であったことを、なぜかこの瞬間思い出した。

夜中に小便に降りてきたら、台所で先ほど夢をかなえたアブラ虫人間に遭遇し「コイツは銭になる！」と、心を許させ大儲けしようと調子のいい話を吹き込む悪徳ジジーの写真。

一気に話し始めた。

「小さい頃からプロレスが大好きだったボクは、12歳のとき絶対にレスラーになると決めたんですうー！　で、17歳のとき必死に貯めた６００ユーロをもってスペインへいったんでえーす！　イギリス人のポール・トレイシーがセミナーをおこなったので、それを受けにいったんですねえー！　そこでの練習は基礎的なことが主だったんですけど、スクワット連続５００回はこたえましたあー！　そのときは受講代でお金を使い果たしてしまったので、２日間野宿でセミナーへ通ったんですうー！　それがボクのプロレス初体験でしたあー！　それからですねえ！……」

このあたりまで聞いたところで、オレはどんどん眠くなってきてしまった。イーグルが熱く語る機関銃のようなテンポのリズムがさらなる眠気をいざない……。

「その翌年の18歳のとき、イギリスのジョニー・モスのレスリング道場へ修行にいったんですうー！　そのときデヴィットと出会いまして、必死に英語も勉強しましたあー！」

「イーグルは本当に言語習得能力にたけておったのう、フフフ……」

「ポルトガルでプロレスを広めようと家族に話したら賛成してくれましてえー！　色々と協力してくれることになったデヴィットのことも家族同様に受け入れてくれましてえー！　それはＴＡＪＩＲＩサーンと初めてオランダで会った直後くらいのことですよおー！　で、まずは道場だと思って薬剤師のパパに相談したら、手先が器用なものですから手作りしてみようと言ってくれましてえー！　さっき道場にあった小さいのは練習用のリングで、試合用のはもっと大きいのがもうひとつあるんですうー！　だけどリングを制作するための器具がすぐに壊れ壊れで、その器具を治すのに時間がかかり、半年もかかってしまったんですねえー！　それからさらにぃ――」

オレは、知らないうちに落ちていた……。

2018年4月5日

この子たちはなんてかわいいんだろう

翌日の午後。いよいよセミナーである。イーグルの弟子以外にも、わざわざイギリスやフランスから受講しにきてくれたレスラーも数名いて、総勢21人。開始前、イーグルの弟子の男女数名がなにかを手に、ニコニコとオレのもとへやってきた。

「ＴＡＪＩＲＩセンセー、これを」

「なんですか、これは？」

「プレゼントです」

「プレゼント？」

「きょうのセミナー、よろしくお願いいたします！」

　オレは、プロレスを教える生徒たちにこのようなもてなしをされたのは生まれて初めてだった。プロレスの世界で教わる側が「教えてもらうんだから」とプレゼントを渡す。そんな関係があるだなんて考えたことすら一度もなかった。だから、驚いた。そして、この子たちはなんてかわいいんだろうと思った。

　プレゼントを更衣室へ置きにいき、中身を見てみた。ひとつは、なぜかトランプ。ひとつは、ガラスの綺麗な瓶。ひとつは、ネコのお人形。ひとつは、お花のキーホルダーだった。

　まるで、子供からのプレゼントだ。彼らはまだ若いとはいえ18歳は超えているはず。もう一度、この子たちはなんてかわいいんだろうと思った。オレは、ポルトガル人がさらに大好きになった。

　セミナー。まだ初心者クラスの子が多かったので、内容はマルタのときとほぼ同じ。皆、限られた時間で最大限の収穫を得ようと真面目についてきてくれた。その中でも、イーグルの動きはやはり丁寧で綺麗かつ速かった。イギリスやフランスからきたレスラーたちもすでにデビューはしているのだが、イーグルの動きのほうが格段に良い。

さらに、もう一人目を引く女の子がいた。クラウディアという長身の美人。体格もガッチリしており、何より下半身の安定度が女子離れしている。彼女はイーグルのガールフレンドとのことだった。そしてセミナー終了後、その様子をビデオに収めていたデヴィットがこんなことを語ったのだ。

「これまでいろんな選手のセミナーをここでおこなってきたが、これほどまでに皆が緊張感を持ち、ピリピリした空気は初めてじゃった。我らがCTWにプロレスの『厳しさ』を教えてくれてありがとう、フフフ……」

転売された垂れ幕とロープを無事に取り戻し「こんな過ちは二度と繰り返さないようにしよう！」と、友情・努力・勝利な『少年ジャンプ』風集合写真。

例の立ち飲み屋で生徒たちがビールを買ってきてくれた。どうやらイーグルが「TAJIRIサーンは酒が好きなんですよー！」とでも彼らに話しておいたのだろうか。2本、3本……酔っぱらう前に全員で集合写真を撮った。

「TAJIRIサーン、今度はまたニホンで教えてくださいねえー！」

「おお！　一緒に練習できるかどうかはわからないけど、確実に酒はいこうな！」（※この後、2018年6月23日、HEAT-UPカルッツか

わさき大会にレッド・イーグルは初来日を果たした。彼の人生の師であるデヴィットも一緒に)

翌朝。リスボン空港。次は今回の欧州プロレス旅、最後の国オランダである。

「次はニホンで是非よろしくのう、フフフ……」

最後までステキな怪紳士だったデヴィット。クラウディアは「いつか私もニホンでプロレスがしたいわ！」と。もしも彼女が日本の団体でその名を馳せる日が訪れるなら、ポルトガルの女・力道山誕生である。最後にイーグルは、ハッキリとこう言った。

二度と世間様に顔向けできない過去を持つ男と、そんな男との関係にそろそろケリをつけようと別れのバウムクーヘンを持ってきた美女のラブラブツーショット写真風。

「ボクのいちばんの夢はWWEに上がることです！　そしていつかポルトガルに帰ってきたとき、この国のプロレスを本当に盛り上げることができると思うんです！　そのためにもまずは今度のニホンで頑張ります！　TAJIRIサーン、ありがとおー！」

前回きたときに抱いた気持ちを、今回あらためて確認できた。オレは、

第2章 旅人は理想郷をさがし求める
——ポルトガル、オランダ篇

このポルトガルという国がやっぱり大好きである。いつかプロレスを引退したとき、この国で余生を過ごすのも全然ありではなかろうか。そんなことを考えながら飛行機はオランダへと飛んでゆく。

……どれくらい寝ていたのであろう。オランダまではもうそれほど遠くないような気がした。

オランダ。2年ぶりだ。2年前、オレは日本に別れを告げ、家族とともにオランダへ移住しようとしていた。

「当機はまもなくアムステルダム国際空港へ到着いたします、シートベルトをお締めください」

蘇ってくる2年前の記憶。人生に苦悩していた日々……。胃が痛くなってきた。

オランダはTAJIRIのプロレス人生終焉の地となるはずだった

2018年4月6日

2年前……灰色の追憶

2年ぶりのオランダ。空港ゲートを出ると、2年前と同じくオランダのプロレス団体DPW（Dutch Pro Wrestling）ボスのマーク・コディアックが迎えにきてくれていた。ハゲ頭の巨漢。コディアック（ヒグマ）というよりシロナガスクジラじゃないか？　と彼を見るたびいつも思う。

「TAJIRIよ、2年ぶりだな、元気だったか？　ガッハッハッ！」

「きょうはケンゾーはいないんだね？」

「ケンゾーは仕事だ、あとでセミナーには顔を出すそうだがな！　ガッハッハッ！」

ケンゾーというのは、この本の第1章にちょこっと登場してきたケンゾー・リチャーズのことである。2年前はコディアックと2人で迎えにきてくれ、滞在中もあれこれ面倒をみてくれた。そもそも今回の欧州プロレス旅を段取りしてくれたのも彼である。本職は高校柔道教師。ちなみにコディアックの本職は警察官だ。

コディアックの車中。巨漢のくせにかわいらしい小さな車だ。窮屈そうに運転している。

「今夜はケンゾーと3人で飲みにいくでしょ!?」

「いやそれがな、1年前に女の子が生まれちゃって早く帰らないとワイフがうるさいんだよ！　ガッハッハッ……ア～ア」

ホテル到着。数時間後にはコディアックが迎えにきてのセミナーだ。明日はDPWのショーにも参戦する。「セミナーと試合のギャラを先に渡しておく」と封筒に入ったユーロ紙幣の束をくれた。

「サンキュー！　迎えにきたらもうドロンしていなくなってたりして！」

「そしたら空港で待ち構えて射殺してやるさ！　ガッハッハッ！」

本気で言っているような気がした。

ひとりになり、ベッドに寝転がる。2年前もこうしてオランダへやってきた。そう、あのときオレは、オランダへ移住しようとしていたのだ。その下準備のための渡航だった。

3年前の春。鍼灸国家資格を取得し、立川の某

コディアック。オランダ人のくせに牛丼特盛が大好物な、大らかな男のような気がする。

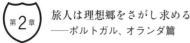

鍼灸院で修業を開始したオレは、このままプロレスからはフェードアウトして、鍼灸の道へ本格的にスライドしようかと考え始めていた。プロレスに張り合いがなかった。当時の主戦場としていた団体で試合をしても、ちっとも面白くなかったのである。もしかするとやり尽くしたのではないか？　そう感じていた。ならば、人生の主軸をプロレスから鍼灸へとスイッチすれば新たな人生をリスタートできるのかもしれない、そんな思いだった。

さらにその頃、オレはある強迫観念に囚われていた。家庭のこと……子供のことである。2人いる男の子はどちらもロサンゼルスで生まれている。日米二重国籍。彼らが大人になるとき、日本とアメリカの好きなほうに住むことのできる状況をつくっておくことが親としての義務である、と。そのためには子供の頃から英語を堪能にしてあげるべきではないのか？　そんな強迫観念を抱いていた。

鍼灸院の患者さんと『引き寄せの法則』

その二つの思いが頭の中で堂々巡りする日々を過ごしているうち、ある結論が出た。海外へ移住し鍼灸師をするのだ。ただし、プロレスはすぐにはやめない。最後に完全燃焼する。そのためには海外しかない。レスラー人生の大半を海外で過ごしてきたオレにとってその考えは当然の帰結である、と当時は思えた。

◎母国語か第二言語が英語の国
◎日本の鍼灸資格を活かせる、あるいは資格自体が不要な国
◎プロレスをやれる国
そんな国がないものか。調べると、あった。それがオランダだった。

オランダでは第二言語として日常的に英語を話す。しかも、当時は日本人に限り労働ビザがなくとも移住し働いてもよいという法律が生きていた（現在は廃止）。国家独自の鍼灸資格も存在しない。そして、プロレスもある。

「この目で確かめてくるか……」

しかし、プロレス関係以外でオランダに知り合いはいない。鍼灸事情や日本人移住事情を現地でどのように調べよう？ すると『引き寄せの法則』が作用したのか、オレの鍼灸院に「オランダに長年住んでる友達が日本に一時帰国してきている」という患者さんがいたのだ。早速会わせてもらうことにした。会って話を聞いてもらうと、

「了解しました。オランダにいる私の知り合いの鍼灸師、マッサージ師、商社駐在員、それからだいぶ前から現地で格闘技を取材しているライターの方などがいますので紹介させていただきます。全員日本人ですので、日本語でメールしアポをとってみてください」

これはもう、神様がレールを敷いてくれているんだなとしか思えないほどの順調さでと

んとん拍子に話が進み、いざオランダへと向かったのだった……。

　コディアックが迎えにきた。

「今日のセミナーは明日の試合会場でやってもらう、さあ車に乗れ！　ガッハッハッ！」

会場はホテルから20分ほど。ＤＰＷの若手たちがリングを作っている最中だった。

ＤＰＷは２００８年にコディアックとケンゾー、さらにはサントスという選手らが３人で創設した団体だ。リーダーはコディアック。彼は２００１年に英国のジョニー・モス道場で修業してデビュー。04年には当時ＷＣＷが主宰していたパワープラントでも修業し、オランダへ帰国して後は現存するＤＣＷ（Dutch Championship Wrestling）に所属するもケンカ別れ。弟子であるケンゾーらを引き連れてＤＰＷを旗揚げし、現在に至る。

「ここ最近、ビジネスは右肩下がりだけどな！　ガッハッハッ！」

　リングができあがりセミナー開始。いつものように基礎中の基礎から始めたのだが、全員動きがぎこちない。現在ＤＰＷは道場を所有していないらしく、リン

線路の向こうの広告をバックに笑顔で自撮りするケンゾーだが、この直後、煽り風で人間一人くらい線路に引き込めそうな勢いで電車が入ってきたのには「死んだ！」と思った。

熱心に指導のフリをするオレが身に着けているシャツ、短パン、靴下は、欧州で恥をかかないようにと八王子駅北口の高級ブティック「ファッションセンターしまむら」で新たに買い揃えたものである。

グで練習するのは毎月の試合のときだけなのだとか。しばらくすると、仕事を終えたケンゾーがフラリとあらわれた。いったん休憩。彼と会うのも2年ぶりだ。

「ケンゾー、今回も色々と世話してくれてありがとね」

「なに言ってんだ、オレたちゃ古い友達じゃねーか……アーン!?　それよか早くセミナー終わらせてメシ食いにいこうぜ……アーン!?」

爪楊枝を咥えた陽気な人情サムライ、いつもそんな雰囲気のケンゾーだが、実際はもちろん爪楊枝など咥えていない。3時間のセミナーが終わった。

夢酔い人たちのニホン上陸計画

ホテルのバー。ケンゾーは酒を一切飲まない。普段から「もしかして酔っぱらってます?」と尋ねたくなるテンションなので必要としないんだろうと、昔から思っている。

「嫁さんが怒るからチョコッとだけな、ガッハッハッのハ……」

と言っていたはずのコディアックはその風貌どおり、結局ビールを次から次。オレも一緒に、オランダといえばハイネケンである。

「TAJIRIが『オランダに住むんだ』と皆で大騒ぎしたあの日から2年か！　ガッハッハッ！」

「オランダ軍団ニホン上陸は実現しなかったけど、あのときは盛り上がったなあ……。アーン⁉」

「チョコッとだけ」と宣言したくせに、結局は大酒カッくらい泥酔し、大らかさからほど遠い顔付きに変貌してしまった男(左)のサンプル写真。

「期待させて申しワケなかった……」

2年前「オランダに住みたい」と乗りこんできたオレを、アムステルダム空港でこころよく出迎えてくれた二人。第1章冒頭にチョコッと書いた、そのときのコロッケの話をここで詳しく記すと、

「まずはオランダ名物を食いにいくぞ！　この国に住むにはソレを食わずして始まらないぜ！　ガッハッハッ！」

「ムチャクチャうめえぞ……アーン⁉」

どんな豪華なものを食わせてくれるかと期待したら、

第2章 旅人は理想郷をさがし求める
――ポルトガル、オランダ篇

アムステルダムの繁華街にあるコロッケの自動販売機なんぞへ連れていってくれたのである。その状況を日本に置き換えるなら、海外から13時間も飛行機に乗って到着したばかりのガイジンさんに、「日本伝統のスゴいモノ食わせてやるぜ！　ガッハッハッ！」と、歌舞伎町の路地裏にポツンとある……かどうかは知らないが、自動販売機で買ったカップ天ぷらうどんにお湯を注いで「これを食わなきゃ日本は始まらねえぜ……アーン⁉」みたいな話である。

結局、その自動販売機コロッケは冗談だったのだが、そのあと飲みにいったバーでオレたちは大いに盛り上がった。

「TAJIRIが我がDPWに加わるとなったら百人力！　欧州全域どころかオランダ軍団ニホン侵略といこうじゃないか！　ガッハッハッ！」

「俺はガキの頃から憧れの講道館で稽古もしてえぞ！　アーン⁉」

「よし！　オレは絶対にオランダへ移住する！　DPW軍団世界侵略の夢にカンパーイ！」

「ガッハッハッ！」

「アーン⁉」

てな具合に、3人の夢酔い人だったあの夜。翌日からオレは早速行動を開始した。

2018年4月7日

独身老婆のオランダ夢の跡

まずはアムステルダム市街のはずれに住んでいる、日本人のマッサージ師さんに会って話を聞くのだ。

トラムと呼ばれる市電を乗り継ぎ、指定された駅に着くとおばあさんが待っていた。女性であることはわかっていたが、こんな年配の方だとは思わなかった。すぐ近くの自宅で施術もしているという。お邪魔させていただくと、独り住まいのようだった。家具がほとんどなかったのだ。

「最初は海外に憧れてオランダにやってきて、そのままこっちの人と結婚したけど別れちゃってねえ。もういまさら日本に帰りたくないから、知り合いだけにマッサージなんかしてなんとか食いつないで生きてるんだけど。ここは物価も高いから……」

1時間ほどお話を聞かせていただいた。彼女の顧客はほとんどが日本人。だから、

「日本人コミュニティと深くかかわるのが大事。いまもひとりマッサージやりに日本からきた人がいるけど、そのあたりがうまくできてなくて、結構苦しいみたいねえ」

と言うのだった。オレは深くお礼を述べ、別れた。

昼になっていたので、その近辺にある日本食レストランへいってみることにした。寿司屋、ラーメン屋、居酒屋がある。ラーメン屋で昼定食を食ってみたが、日本の倍以上の値

段だった。

午後はトラムに乗りまくり、オランダの街をくまなく見て回った。治安はよさそうだし、東洋人だということでバカにしてくる輩《やから》もいない国であることがわかった。

夜、オランダに長く住んでいる格闘技ライターの方にホテルまできていただき、行きつけだという居酒屋へ。やけに日本語堪能な中近東系の男がマスターをしていた。

「オランダ住ミタイノ？　イイトコヨ！　ボクモ移住シテキテハッピーネ！」

ライターの方が明日は日本人学校と、「なにかいい話が転がってるかもしれないから」とキックボクシング世界王者が経営するジムにも連れていってくれることになった。

2018年4月8日ほか

不吉な警告「オランダ住マナイホウガイイヨ」

翌日。まずは日本人学校だ。かなり大きい。小学校と中学校が一緒になっている。国土面積が小さなオランダだが、約1万人の日本人が住んでいるという。学校側も新しい生徒が増えることは大歓迎だった。親切丁寧な対応のもと学校見学をさせていただき、「移住完了までお手伝いできることはさせていただきますので、何でも相談してください」と連絡先も交換してくれた。

次はキックのジムだ。このジムも大きかった。ジムというより体育館。二階建てでランニングコースまである。世界王者の会長さんもいた。モロッコから移住してきて裸一貫でのし上がったという。昔、WWEを見ていたそうで、オレのことを知っていた。そこから話がどんどん膨らみ、

「ジムの空きスペースで鍼灸院を開けばいい」

という信じられない展開に。オレは、もうノリノリになってしまった。神様によってすべて準備されていたんだ、そんな確信を抱いた。

それからの数日間。電車で地方都市まで繰り出し、商社マンのご家族、もはや半分現地人化している鍼灸師の方、寿司屋のチェーン店オーナーさん、高級ホテル料理長さんなどからお話を聞いて回った。その結果、やはりオランダに移住しようという結論に至った。

そして、最終日の夜。

最後にもう一度、ライターの方に連れていっていただいた中近東系マスターの居酒屋へフラリといってみた。何となく、もう一度いっておくべきだという気がしたのだ。

この日はお客さんがひとりもおらず、暇そうなマスターがオレのテーブルへきて正面に座った。最初は冗談交じりの軽い会話を交わしていたのだが、お互いだんだん気持ちが開いてアレコレと話し出す。と、マスターがいきなりこんなことを言いだしたのだ。

「オランダ住マナイホウガイイヨ」

一瞬、日本語を選び間違えているのかと思った。しかし彼の顔は真剣……というか眉間

にシワを寄せ、嫌いなものについて語るときのような険しい表情に変わっている。

「何でですか⁉」

「馬鹿バッカリヨ！　イイヤツ一人モイナイ！　学校モ馬鹿ヲ生ムシステム！　アナタオランダ住マナイホウガイイネ！　子供カワイイソウ！」

何なのだ？　これはいったい……。

「ボクハ日本モ住ンダカラヨクワカルノ！　トニカクヤメナ！　オランダ大キライ！　キライ！　キライ！　大キライ！」

もうこれ以上話をしてもムダというか、だんだん恐ろしくなり始めていた。この男は危険だ。それ以上刺激しないよう会計を済ませ店を出た。男の目は吊り上がり挨拶すらしてこなかった。

プロレスを世界の若者に伝えるために生かされている

後味の悪すぎる気持ちで夜道を歩いていたのだが、何となく男の様子をもう一度確かめてみたくなり引き返した。店の外からコッソリ中を覗く。と、異様な光景を目撃してしまう。

厨房の中が見える。オランダ人らしき若い料理人が二人、こちらへ背を向け必死に巻き寿司をこさえている。なかなかうまくいかないのか、あるいはうまくいっているのに非難されているのか、男がときおり二人を殴ったり蹴ったりするゼスチャーというか寸止めの暴力をふるいつつ、もの凄い形相でギャーギャーわめき散らしていたのである。

決して気付かれないよう、ソッとその場をあとにした。あの男に、オランダでいったい何があったのかは知らない。それよりも、これはきっと何か大きな意味があって神様があえてオレに見せつけた光景なんだなと思い、その意味をずっと探した。

翌日。それでもオレのオランダへ移住する気持ちに変わりはなかった。コディアックにケンゾー、その他お世話になった方々へお礼のメールを送りイギリスへ向かう。せっかく欧州まできたのだから、一試合だけでも稼いで帰ろうとブッキングしておいたのだ。

イギリスでの試合も終え、日本へ。帰りの飛行機の中、心の片隅に小さなシミがポツンと浮かび上がってきていることに気が付いた。

「……本当にこれでいいのかな？」

日本へ戻ってきてからも、小さなシミは大きくなる一方だった。オレは本当にプロレスをやり尽くしたのだろうか？　鍼灸師としての将来像、子供のこと……様々な葛藤を抱き、帰国後も悶々とした日々を過ごしていた。

するとある日、その頃、ＷＷＥでアジア地区のエージェントをしていたアメリカのＦＵＮＡＫＩさんからすべてを一転させるメールが届く。

《久しぶり！ 6月にWWEでクルーザー級の大きな大会があるんだけど出れる？ ハンター（HHH）はどうしてもTAJIRIに出てもらいたいんだって》

再びWWEへ……そんな発想はどこにもなかった。この思いもよらぬオファーにより、その後の人生はさらに思いもよらぬ展開となってゆく……。

DPWのショー。300人規模の会場ながらも超満員。オレの相手はWNCに何度か来日したこともある現欧州王者エミール・シトシ。そういえば今回の欧州プロレス旅は、イタリアでレッド・スコーピオンの保持する同名タイトルに挑戦することから始まったが、権威としてはシトシの持つベルトが歴史的にも正統な欧州王座なのだそうだ。

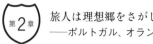

結果、試合はオレが敗れた。決着後も執拗に攻撃してくるシトシにケンゾーが怒りの乱入。彼の助けを借り、シトシの顔を毒霧で緑に染めた。最後はケンゾーとオレが握手を交わし大歓声の中、幕。2週間に及ぶ欧州プロレス旅がこうして終わった。

昔の特撮のタイトルにありそうな「オランダ人をハイネケンの色に染めろ！」な図。

行きは羽田発だったが、帰りはなぜかモスクワ経由の成田行き。飛行機の中、今回の旅をあらためて思い返してみる。当初はイタリアで試合だけの予定だったが、気が付いたらいくつもの国でプロレスを教えることがメインの旅になっていた。それにより、これまで知らなかった様々な価値観や国による考え方の違いなども知ることができた。世界はまだまだ奥が深いな、と。

それにしてもほんの2年前。プロレス人生を終わらせるつもりで渡った欧州で、今度はプロレスを若い遺伝子へ伝える使命を果たしているなんて、人生どう転がるかわからない。

ふと、マルタで出会った若者の口から出た言葉が頭に蘇ってきた。

「マルタは裕福な国ではないので、新車はなかなか買えないであります！　だけどプロレスで稼いでいつか必ず新車を購入させていただくであります！　そうして両親に家を買ってあげるのがボクの大きな夢なのであります！」

プロレスラーになったばかりの若い頃は、オレにもそんな野心があった。しかし今、オレの心にそういった気持ちは、もうない。オレは、このように考えてみた。

「今のオレは生かされているんだな」と。

これまでは己の願望に邁進し、それを天に叶えてもらう人生だった。しかしそれも次々と達成してしまった今、今度は天が授けた使命を果たすべく、それはきっと、

「プロレスを世界中の若者に伝えていく」

そんな使命のために生かされているのではないのか……と。

旅のあと②

危険な街で危険な目に遭わない方法

ポルトガル篇では、ジ○シーたちがいる緊張の裏路地の話が出てくる。

海外へいくと、どこに危険が潜んでいるかわからない。ふと気が付くと、周囲の雰囲気が一変しており、知らぬ間に危険エリアへ侵入していたなんてこともしばしばだ。それでも実際、危険な目にあった試しは一度もない。

なぜかというとたまたま運が良かったというのもあるかもしれないが、どこへいっても最大限の警戒を怠っていなかったからであろう。

特に若い頃の修行の地、メキシコでは警戒しまくった。ネッサウワルコヨトルという、メキシコシティ外れの危険エリアがあるのだが、その街のど真ん中に、アレナ・ネッサという古い会場がある。シティ中央部のアレナ・メヒコやアレナ・コリセオと違い、それほどお客さんが入るわけでもなく、遠く、危険で……。

と、こうして書くと、そんなトコで試合が組まれても良いことなんて何一つねえじゃねえかと思えてしまうのだが、オレが住んでいたアパートからこの会場へいくには地下鉄を終点まで乗り、そこから先は乗り合いバスで40分という、しかもどんどん寂れたエリアへいっちゃうんじゃんかよ、おい！　てな具合なので、まさしく良いことなんて何一つないなコリャ。

オレはこの会場での試合が頻繁に組まれていた。しかもメキシコのルチャは、試合開始がたいがい夜8時。終わる頃には夜11時を回っているのが一般的。さあ、そんな時間にそんな危険エリアから、たったひとりでどのようにして帰りましょう？

そんなとき、オレはいつもこうしていた。こっちが〝危険人物〟になってしまうのだ。乗り合いバスに乗る際、持ってもいない拳銃をさも持っているように見せるため、上着の懐に片手を突っ込み、こいつヤク中か？　と思わせるためバスの中の乗客を見渡しニヤニヤ笑う。

何しろそんな真夜中に、辺鄙《へんぴ》な場所から東洋人がひとり乗り込んでくるのだ。そんなヤツ、メキシコ人だって怖いのである。

しかし、この作戦は命懸けの綱渡り。余計な刺激で相手の感情を逆撫《さかな》でしてしまう可能性だってある。それでも、オレはやった。やらずにはいられなかった。そのときには、それこそが、オレにとっての最良の判断だったからである。

しかしいまにして思うと、若い頃は本当にムチャなことするよな、と。いまもこうして生きているからこそ、こんなオハナシを書くこともできるのだが。

第3章

プロレスで金持ちになれる世界唯一の国

―― アメリカ篇 ――

言わずと知れた世界一のプロレス大国。プロレスで大金を稼ぎたいのであればアメリカへ渡らないことには何ひとつとして始まらない。日本のプロレスしか知らない者にこの感覚は理解不能かもしれないが、それほどまでに日本や欧州のプロレス界とは経済事情やビジネス規模的に大きくかけ離れた別次元中の別世界である。例として、著者が在籍していた20年近く前のWWEでは中堅レスラーですら年間3000万～5000万円程度を稼ぐことは当たり前。トップどころならば数億円も当たり前な、そんなプロレス超大国である。

世界一金がある！
プロレス超大国アメリカをゆく

2019年3月5日

アメリカでの新たなる使命がオレを呼んでいる

久々のアメリカ。２年前に半年だけ再度在籍したＷＷＥを去り、日本へ帰ってきて以来である。あのとき前十字靭帯を損傷し、「手術をしないのであればＷＷＥは永遠に試合許可を出せません」と宣告されてアメリカを去ったとき、「もうオレの人生でアメリカでやるべきことは終わったんだな」と思った。

だから、それ以後アメリカの団体からオファーが来ても一切受けなかった。しかし今回はウルティモ校長の中身の人（今回は出番が多いので、以後あえて『浅井さん』と書く！）に、

「俺の知り合いのプロモーターが、サンフランシスコでタジリくんと（スペル・）クレイジーのシングルやりたいんだって」

さらに、

「全日本プロレスのトライアウトもやるから、審査員としてそれにも出てね！」

とのことで、「うむ、これはまたアメリカでの新たなる使命が発生してきたのかな？」と以前の決意は撤回し、いざ機上の人となったのである。

今回の旅は途中まで秋山準さんも一緒。最初の2日間は秋山さんと同じ日程をこなし、3日目はオレと浅井さんだけシアトルで試合、その後サンフランシスコで再び秋山さんと合流して全員試合、最終日にオレと浅井さんだけテネシーへ飛び、もう一試合おこなう。

入管手続きを終えてゲートを出る。浅井さんのお知り合いで今回のプロモーターであるガブリエル氏がお出迎えに来てくれているはずなのだが……いない。

「TAJIRIさんは彼とは知り合いなんですか？」

秋山さんが尋ねる。ファンの皆さんには意外だろうが、秋山さんはオレと話すときは「さん」付けで呼んでくれるし、その会話も敬語である。秋山さんは全日本プロレスに参戦しているフリー選手（当時のオレはまだ全日本プロレス所属ではなくフリー）にはほぼたいがいそういうカンジだ。

オレとしては、秋山さんはファンの頃からテレビで見ていた例のアレで「永遠に目上」という想いを死ぬまで抱き続けるであろうから、いつも「オレごときに『さん』付けや敬語なんて申し訳ないなあ」と思いつつも、それは組織の長（当時の秋山さんは全日本プロレス社長）として秋山さんが選択したコミュニケーション方針なんだろうと割り切り会話させていただいている。

「今回ちょくちょくメールはしてたんですけど、会ったことはないですねえ……。秋山さんもご存じないんですか？」

「去年メキシコいったときに一度会ってるんですけど……あ、いた！」

今回オレはチケットのことやら何やらガブリエル氏に色々とお世話になっており、しかも彼とのメールのやり取りが始まった3カ月ほど前からアメリカでの仕事（試合）の紹介をしょっちゅうしてきてくれるので、ここしばらく毎日のようにメールし合っていたのだ。

しかし、まだ見ぬ彼に対する文面からの勝手な印象は、「バリッとした青いスーツを着て黒ぶちメガネをかけたアメリカの典型的ビジネスマン」だったから、その姿を目にした瞬間、ビターな味のチョコレートパフェかと思いスプーンをつけたら南国白くま君だったような錯覚に一瞬陥ってしまった。

「秋山サーン、TAJIRIサーン、サンフランシスコへようこそ！　このあと浅井サーンがメキシコから到着するまで1時間半ほどあるので、それまでお食事するかサンフランシスコの名所・ゴールデンゲート

指先に付けたナニかを嫌がるオレの顔に近付けるガビーさんの写真ではない。

第3章 プロレスで金持ちになれる世界唯一の国
——アメリカ篇

ブリッジを見にいくか？　どっちがいいですかなあ⁉」

「……と言ってますよ、秋山さん。どうしましょう？」

「あんまりハラへってないですよね？　観光に連れてってもらいましょうか？」

「そうかそうか！　では早速いくとしよう！　そうしよう！」

ガブリエル氏（以下『ガビー』に省略）と彼の奥さん、それにカメラで我々を追いかけている撮影班スタッフと共に駐車場へ。7人乗りの大きな車。

「ガビーさん、ブリッジまではどれくらいかかるんですか？」

「たったの45分だ！　さあ出発！」

奥さんの運転でブリッジへ。サンフランシスコ、この日は雨。

「秋山さん、このあとまた空港へ戻るということは、日本でいえばアメリカから成田へ着いたばかりで『海ほたる』を見にいって、そのあとまた成田へ戻るみたいなもんですね」

「まさしく、ははは！」

そんな人畜無害な会話をしているうち、45分でゴールデンゲートブリッジに到着。実はオレはここへWWE時代何度も来たことがある……というか、サンフランシスコのカウパレスという常打会場へいく際、いつも必ず通っていた。

で、車を停めた展望台の海の向こうに監獄島として有名なアルカトラズが見えるのだが、秋山さんは車から降りるやすぐさまそれが見える海の方へ歩いていったので、もしかしたらそこからアルカトラズが見えるという情報をどこかで入手していたのかな？　と思った。

しかしまさかオレの人生に秋山さんと二人、アメリカの観光地で一緒に写真を撮る日がやってこようとは……大学時代、真夜中に全日本プロレス中継を見ていた頃の自分に教えてあげたら、「最後は海の中にエクスプロイダーで投げられるんでしょ？　そういうオチでもなければ、そんなことが起こるはずないじゃない！」と、悲壮な顔で自分の未来を心配するのではあるまいか？　と思った。

アルカトラズからの脱獄にまんまと成功し記念写真なんぞ撮っていたら追手に捕まり、永遠の投獄の憂き目に合う直前の二人のような気もした。

緑の谷の究極の葡萄のしずく

浅井さんの到着する時間が近づいてきたので再び空港へ。浅井さん、颯爽と到着。浅井さんが姿をあらわすと、本当に「颯爽と」という感じがする。オレはおそらく一生そんな想いを抱き続けるのだろうと思う。

「秋山さん、タジリくん、長旅お疲れ様です！　このあといったんホテルで荷物を置いて、

第3章 プロレスで金持ちになれる世界唯一の国
──アメリカ篇

そのあと俺のワインつくってるワイナリーがあるから、そこへいってみませんか？」

「浅井さんのワインがあるんですか⁉」

「ムチャクチャ美味いワインだから！」

ガビーさんいわく、

「ワイナリーまでは45分で着く！」

とのこと。好きな数字は「45」と見た。とりあえず、サンフランシスコの隣の市であるサンノゼのホテルへ。到着し、車から荷物を降ろす。ところが、フロントでガビーさんが何やらもめている。

「同じ名前のホテルが3カ所あるらしく、どうやらここじゃなかったようだ！　アッハッハ！」

海外ではよくあること。秋山さんがすでにおろしてしまっていた荷物を再び車に詰め込む。

日本では秋山さんの荷物はいつも若手たちが持ち運びするので、この状況を彼らが見たら「ヤベ！　また怒鳴られちまう！」と瞬時に日本からワープしてきて、「自分がやります！　やらせてください！」と大慌てに慌てるというSF映画的光景が一瞬頭をよぎった。

今度は本来のホテルへ荷物を降ろし、いざワイナリーへ。そういえば機内ではずっと映画を見て一睡もしていないので、この時点で昨日の朝7時に起きてから24時間ほど寝てい

ないことになる。それでもガビーさんは、

「45分で着く！」

と言うし、まあそう時間はかからず2時間後には帰ってこれるだろうと思っていたのだが……。

さあ、出発。市街を走り、山道へ入った。で、この山道がとんでもなく険しいのだ。途中、崩落した巨大な岩がゴロゴロなんていう光景も。「前回来たときは野生の鹿がいた」というハンパない山道。いつの間にか、オレは眠ってしまっていた。

お互いに隙あらばトランクへ放り込んでやろうと狙い合っているようにも見える。

かなり寝ていた感覚。目を覚ますと……まだ山道。時計を見ると出発から1時間半ほど経過している。秋山さんは起きていて、日本から持ってきたチョコレートを齧っていた。

「秋山さん……」

「はい？」

「これ、日本で言えばアメリカから成田へ着いたばかりで海ほたるを見にいって、そのあとまた成田に戻って、そのあと箱根の山奥にある酒蔵までいってるカンジですよね？」

仮面ライダーのワインと勘違いし購入する特撮ファンが年に一人くらいはいるかもしれないと思った。

「箱根！　まさしく、ははは！」

　そんな人畜無害な会話パートⅡをしているとちょうどワイナリー到着。こんな険しい山奥にある葡萄畑ってどんなんかいな？　ところが……そこにだけ、険しい山とは別世界の光景が広がっていたのだ。

　なだらかな丘陵の斜面に、緑の葡萄畑が広がっている。途中の山道ではどんよりした空にときおり小雨がパラついていたのだが、この空間にだけは青い空が広がり、それはまさしく「この空間が我々を歓迎するため」に神様が用意しておいてくれた山の谷間の小さな青い空のようだ。『わが谷は緑なりき』という古い名作映画のタイトルが頭に浮かんだ
　ワインを飲みながら詳しく話を聞くと、浅井さんはこのワイナリーのＶＩＰ会員だそうで、その特権としてウルティモ・ドラゴンラベルのワインを作成してもらえるので親しい知人たちにプレゼントしているとのこと。

　しかもここのワイン、何種類も試飲させていただいたが、これまでの人生で飲んできたワインというものに対する基本認識を根底から覆される味なのだ。ちっとも臭みがなく、

口の中に一切残らず、ヘンな酔い方をせず、清流のようにサラサラと入っていく。ここで働く職人さんの話を聞いたら防腐剤は一切使っておらず、本物の木の樽で仕込む（いまは普通どこも金属の樽で仕込む）からだ、とのこと。

普段は酒を飲まない秋山さんも飲んだ。それほど酔っ払うワケではないそうなのだが、

「すぐに顔や手が赤くなるからイヤなんですよね」

と、実際少ししたらほんのり赤くなってきた。

「○○さん（先輩）にはとんでもない飲まされ方をされた」

蝦夷地を開拓した内地からの移民団風味な写真。ちなみに左から３番目はクリスタルキング。

焼き芋で大儲けし高級ワインをたしなむ大阪出身頑固オヤジ風味な写真。

とか、昔の選手の酒にまつわるエピソードを語り始める。

「菊地（毅）さんはどうでしたか？」

と質問すると、

「ああ！　あの人は当時、いまみたいな感じじゃなかったけど、酔うとまさしくいまみたいになってた」

とのことだった。

海外の日本食屋には海を渡った日本人の壮大な人生ドラマが垣間見える

帰りはなぜか山道ではなかったのだが、酔っぱらっていたこともありすぐに寝てしまっていた。気が付くとホテルの近く。時計を見るとやはり1時間半ほど経過していた。すでに真っ暗でポツポツと雨も降り始めている。ホテル近くのデニーズで晩メシ。アメリカに住んでいた当時、デニーズでいちばん好きでよく食っていたものを頼んだのだが、48歳になったいま、それは胃袋にかなりズドン！　ときてしまうことが判明した。

明日は一日何もない。秋山さんと浅井さんはショッピングモールへ買い物にいくらしいが、

「オレは一日ゆっくりしてます」

と、お伝えし各自解散。部屋へ戻ると、そういえば先ほどホテルの近くにひなびた日本食屋がチラッと見えていたのだが、どうしてもそこへいってみたくなってしまった。いくか。

雨にうたれながら、徒歩5分ほどで到着。「IZAKAYA」というステキな名前のお店。多くの日本人客で埋まっており、寿司カウンターの中で調理している人も日本人のようだった。アメリカでは中国人や韓国人による日本食屋も多く、そういう店に入ってしまった場合、たいがいとんでもないことになるのだがこの店は大丈夫そうだ。

「危険な夜道をひとりで歩いちゃうオレは海外慣れしたアウトローだぜ！」と調子こいているが、いつか取り返しのつかない事態に巻き込まれ「なんでえ!?　こんなことになるなんて聞いてないよー！」と鼻水たらし泣き叫ぶことが今後の人生で起きる男かもしれない。

オレは、海外の日本食屋が大好きだ。そこにはいつも「海を渡った日本人の壮大なドラマ」が垣間見えるから。年輪を重ねた店内の空気、日本人の店員さんの顔付き、現地に住んで長そうな日本人のお客さん……。生ビールと熱燗と天ざるを注文。

久々のアメリカなので危うくチップを置き忘れそうになってしまったが、店員さんの接客が素晴らしかったので、かな

メキシコ貧乏修業時代、月に一度の贅沢で食っていたレストラン東京のざるそばに近い味がした。ちなみにそこの店員でひそかに「わかめラーメン」と呼んでいた石立鉄男似の小寺さんはいまも元気にしているだろうか？　とやけに気になった。

り多めに置き店を出た。部屋に戻り、出かけるまえに冷凍庫へ放り込んでおいたコロナ（※もちろん、ビールである）を開けるとちょうどいいカンジな凍り始める一歩寸前のトロトロ状態、3本飲んだ。

長い一日だった。この時点でオレは33時間ほど横になって寝ていないのだが、すっかりハイになってしまっており、すぐに寝ればいいのに、

「まだまだ起きていられるゼ！」

と、ワケのわからない興奮状態に陥ってしまっていた。ハイなまま、

「プランチャー！」

と叫んでベッドへ飛び込んだところまでは覚えているのだが、一瞬で気絶してしまったらしく、まだ真っ暗な明け方に一旦目を覚ますと、部屋中煌々《こうこう》と点いた明かりにテレビからはベラベラと英語が聞こえてきており、

「ここどこだっけ？？？」

と、そんなカンジな西海岸の旅、初日なのであった。

2019年3月6日

テレビの力のスゴさというもの

　13時間ほど寝ていた。起きると朝の11時。確か浅井さんや秋山さんたちは11時半にロビーへ集合し買い物にいくはずだから、もうとっくに起きて準備しているんだろうな、と思った。オレはノロノロ、やっと起き上がるまでにベッドの中で30分以上を費やした。

　海外へ来たときはその模様を『プロレス格闘技DX』の連載に書くことが必須なので、今回も忘れないうちに、きょうから書き溜めていくことになる。昨日のことを早速書こう……おっと、その前にメシを食いにいくか。ネットで調べると昼も営業しているそうなので昨夜のIZAKAYAへ。

　昼も大盛況。見るからに商社マンでござい風な人たちでごった返している。サバの塩焼き定食を頼んだ。普段日本ではゴハンなんぞそれほど食わないのだが、二杯食ってしまった。海外で食う米は即滋養となり、全身へみるみる浸み渡っていくようなカンジがする。

　と、店員のお姉さんが頼んでいないコーヒーゼリーを持ってきた。

サバが二枚あったからゴハンも二杯必要だっただけかもと、いま思った。

「昨夜も来てくれましたよね？　だからサービスです！」

おいおい、素晴らしいぞ、このお店。すると、今度はお客さんの日本人が話しかけてきた。

「TAJIRIさんですよね？」

「はい」

「やっぱり！　昔WWEのテレビで見てました！　写真撮らせてもらっていいですか？」

オレは別に、こういうことを自慢したくて書いているワケでも何でもない。そうではなく、テレビの力はもの凄いんだなと、あらためて思ってしまったのでそういうことを伝えたいのだ。オレがアメリカのテレビの電波に乗っていたのは、少なくとも13年前のことである。それでもいまだに、その頃の記憶はこの人の脳裏へ鮮明に残っているのだ。これは、もの凄いことである。

ホテルへ戻る帰り道。昨夜は一人も見かけなかったが、黒人の浮浪者が道端に何人もたむろし興味深げにこちらを見ている。おそらく何もしてはこないのだろうが、こういう状況にはやはり緊張せずにいられない。もしも何かあった場合、オレはいつも脛の固い部分で相手の足首から少し上の部分を足払いのように刈りバランスを崩させすぐさま逃げようとシミュレーションしている。

幸い何も起こらなかった。日本ではこんな緊張感を抱く状況はほぼ有り得ないが、ここはやはりアメリカなのだ。

部屋へ戻り、この原稿の初日分を書いていると、浅井さんからメール。

「みんなでディナーへいくので5時半になったらロビーへ来てください」

あっという間に時間が過ぎ、5時半に。ロビーへ降りていくと浅井さんと秋山さんもやってきた。

「秋山さん、いいもの買えましたか?」

「ええ、まあ!」

驚き方のスケールが日本人離れ! と思ったが、よく考えりゃセレブなアメリカ貴婦人。

「そういえば秋山さんの足って何センチでしたっけ?」

「29センチですね」

「そんなに大きいと日本で合う靴ってあまりないんじゃないですか?」

「靴はまあまあるんですけど、それよりも服がないですね」

秋山さんでそんな具合なら、馬場さんなら本当に特注しかなかったんだろうなと思った。

ガビーさん夫妻が車で迎えに来てくれ、日

本でいえば銀座のような高級店ひしめく繁華街へ。

「タジリくん、いまから連れてってくれる店、この街でいちばん高級なシュラスコ屋らしいよ」

と、浅井さん。到着するとこれが本当に高級な店で、いい部分の肉がこれでもか！ と次から次へと出てくる。

ガビーさんお抱えのレスラーやらその彼女やらも加わって人数がどんどん増え、お会計額を見たガビーさんの奥さんは卒倒しそうになっていた。

明日はいよいよ、全日本プロレス史上初となる海外でのトライアウトだ。

2019年3月7日 全日本プロレス初の海外トライアウトとコーヒーおじさん

時差ボケで朝の4時に目が覚めた。もう一度寝ようと試みるも、どうしても寝られないのでそのまま起きていることに。9時半にロビー集合。ガビーさんが迎えに来てくれ、ガビーさんの団体レボリューションプロ道場へ移動。到着すると道場の前にコスチュームに着替えた参加選手たちが多数たむろしており、思い思いに柔軟体操をしたり雑談したり、それにしても様々な人種が集っている。

このトライアウトのために、全米はおろか遠くはオーストラリアからも参加者が集い、その数総勢42人とのこと。選考方法としてはとりあえず6人タッグを7試合おこない、その中で目に留まった選手だけを残し再び試合をおこなってもらうことになった。

　それにしても何も食ってないから腹へったなあ……と思っていると、王様のようなクリンとした髭をはやした男がコーヒーの入ったポットとたくさんのパンを持ってきたではないか。

「遠慮なくどうぞ」

「は……はあ……」

「ここで子供たちに交じって早見優ちゃんから英語を教わりたい！」アメリカの道場は、いつもそんな気持ちにさせてくれる。

「さ、遠慮なく」

「はい……」

「コーヒーもほら、熱くて美味しいですよ」

「はあ……」

「パンにはチョコレートが練り込んでありますよ」

「え……ええ……」

やたらと勧めてくる。

「秋山さん、あの人、いったい何者なんですかね？」

「おそらくコーヒーもパンもあの人がつくったに違いない感じはするけど、いざ何者か？と聞かれるとちょっと、何とも答えようがない感じというか……」

「じゃ、コーヒーおじさん……ってとこですかね？」

このコーヒーおじさん、のちほど今回の旅の重要人物として再び登場してくることになるのだが……そろそろトライアウト開始時刻だ。

次々と繰り広げられていく6人タッグ。巧い選手もいれば目も当てられないほどヘタクソな選手もいる。マスクマンもいるしフェイスペイントした者もいる。化け物のような恰好をした者、何とハチの恰好をした者までいる。

海外のプロレスは本当にバラエティー豊か。そもそもトライアウトを受けるくらいだから、まだ新人レベルの者が多いはずだが、日本で新人といえば黒のショートタイツに黒シューズという感覚で育った我々からすると、既成概念を根底から覆されてしまいそうになる。そんなことを考えていると、浅井さんも同じようなことを考えていたらしく、

「しかしさ、日本人ってやっぱりプロレスとい

コーヒーおじさん。率直に言おう……あやしいオッサンだ。

ケツの部分の黒いのはハチの針。いつか若いアスリート系プロレスラーと人生観を賭け死ぬまで戦ってもらいたいと思った。

えば格闘技という感覚で最初は入ってくるじゃん。だけど、ああいうハチの恰好した人とか化け物みたいなペイントした人とか、アメリカ人にとってプロレスっていったいどういうモノなんだろうね、ハハハ！」

同感である。少なくとも格闘技という概念は一般的にないんだろうなと感じ入ってしまった。

6人タッグを7試合終えた時点で一次選考。秋山さんと浅井さんとオレの中ではそれぞれ選考基準が若干異なるようだったが、上位5名ほどは同じ選手でほぼ一致していた。その中にはオカマの選手も。するとガビーさんが、

「確かにあのオカマは素晴らしいレスラーだ……しかし！　天下の全日本プロレスのボスがアメリカまでいってああいうタイプを連れて帰ってきたとなったら大変なことになってしまう！」

とマジメな顔で語っていたのには大爆笑してしまった。再試合を2試合おこない、秋山さんの最終判断で2名が合格。一人はヘビー級の黒人、もう一人はクルーザー級の白人だ。そう遠くない将来、ファンの皆さんは全日本のリングで二人を目撃することとなるはずで

ある。

16年前に迷いこんだ幻の日本人街は実在した

トライアウト後。ガビーさんが車であちこち観光へ連れていってくれたようなのだが、とんでもない時差ボケに襲われたオレは、ずっと車の後部座席で横になり寝てしまっていた。

どれくらい経ったのだろう。

「メシ食うか⁉」

ガビーさんに起こされると、車の窓の外に日本語の看板が見えていた。

「……ここどこですか？」

「日本人街だよ」

「え！　サンノゼの日本人街ですか⁉」

遠い記憶が一瞬にして蘇る。まだSMACKDOWNに所属していた頃だからもう16年ほど前。その週、一人で車を借り移動していたオレはサンノゼで日本人街へ偶然迷い込んだことがあった。しかし、その記憶はなぜかかなり曖昧で、「もう消えかけている幻の日本人街がサンノゼにあった」と、頭の中では白黒フィルムをカラーに再現したような色合いとともに街の光景がボンヤリと記憶されているだけで、もしかしたらあれは本当に幻だったのではないか？　と。しかし、あったのだ。まさか、もう一度ここへやってくることになろうとは。

それにしても、あの街は本当にここだったのだろうか？　目の前に広がる光景はそういえばあのときのものだったような気もすれば、そうではないような気もする。

それでも数分も経つと曖昧な記憶は現実の光景にすっかり浸食され、「やっぱりここだったんだな」と納得というか、それがいちばん現実的な解釈とでも言おうか。

そういえば小学校5年生のとき、学校の屋上から遥か遠くに見える赤い屋根の建物がずっと気になっていて、「もしかしたら、あそこにいくとマンガの世界に住んでるステキな女の子に出会えるんじゃないか？」と思い、ある日曜日に胸躍らせ、とうとう自転車でそこまでいってみたのだが、ステキな女の子は当然おらず、ただ普通の街並みが広がっているだけだった……。そんな遥か遠い時間の向こうへとっくにおいてきた出来事を、なぜか想い出してしまうのであった。

そのラーメン屋でガビーさんが、

「そう言えば、秋山サーンと浅井サーンがアメリカまで来ているというのに、ウルティモ・パンダ（※この前年、全日本プロレスに来日している）が挨拶に来ないのはどういうこった⁉」

と、お抱え選手であるパンダへ電話したところ、

「すぐにいきますパンダパンダ！」

パンダはすぐさま車で駆けつけ、ラーメンを食い終えた我々をホテルまで送ってくれた。

部屋へ戻ったオレは、またもやIZAKAYAへいきたくなってしまった。いくか。歩いて向かうとププー！　とクラクションを鳴らす車が。さっきまで一緒にいたパンダだった。

「どこへいくの？　パンダパンダ！」

「すぐそこの日本食屋なんだけど、乗ってもいい？」

「もちろんどうぞ！　パンダパンダ！」

パンダも誘ったのだが、このあと家族で食事へいくとのことで、皆で仲良く笹の葉を齧るのだろうと思い、ひとりIZAKAYAへ。

3回目のご来店。この日はとうとう、寿司カウンターで握っているマスターさんが声をかけてきた。

「試合ですか？」

何だ、プロレスが好きだったのか！

「去年は『山田さん』もいらしてくれてですね」

昨年、新日本プロレスの獣神サンダー・ライガー選手がガビーさんの団体へ参戦した際

のことであろう。帰りしな、マスターさんと店員さんと記念撮影。

　さあ、明日は浅井さんと二人で移動だ。シアトルでいよいよ試合。今回の旅、ここまではまだまだ序章だ。

正直な話。店長さん以外の誰一人としてオレが何者かなんて全然わからず、そもそも何でもよかったような気がしてならない。

2019年3月8日
世界一豊かな国は物価も高い

　浅井さんと朝8時にホテルのロビー集合。昨夜ガビーさんから、「インディオという男に空港まで送っていかせるから」と聞かされていたのだが、それはまあニックネームなんだろうと思っていたら体が大きく色黒な、まさしくインディオというビジュアルな人がやってきたので笑ってしまった。

　インディオさんに空港まで送っていただき、浅井さんと二人で機内へ搭乗。しかし……一向に出発しない。1時間ほど過ぎて機内放送が流れた。

「事情により機種を変更いたします。皆さんにはご迷惑おかけいたしますが、いったん降りていただき、新しい飛行機がくるまでお待ちください」

「うわ！　浅井さん、さすがはアメリカですねえ！　日本でこんなのあったらメチャ叩かれますよ！」

「これはシアトルに着いたら会場直行になりそうだね」

別の飛行機が到着するまで、タコスやブリトーなんぞ食いながら気長に待つ。ちなみにアメリカの空港内で売られているものは何でも高く、水が一本4ドルもするのにはさすがに驚いてしまった。

結局、2時間待ち。しかもオレは何を勘違いしていたのかシアトルまでは「45分くらい」（ガビーの好きな数字が伝染してしまったわけではない）というツモリでいたら、2時間以上もかかってやっと到着。地図で見るとすぐそこなのに、やはりアメリカは広いのだ。

ゲートを出ると、桃屋の三木のり平のような顔をしたガイジンさんがこっちを見て微笑

煙が立ち消えるとウルティモ・ドラゴンに変身する……なんて映像をいつか撮ってみたいと思った。カメラなんていじれないくせに。

んでいる。

「ヘーイ、浅井サーン！」

浅井さんの知り合いのようだった。

「タジリくん、この人ハリー・ポッターにそっくりでしょ？　ジョーっていうんだけど、俺がジョー・ポッターっていう名前付けてリングに上げたこともあるんだよ！」

聞けばポッターさんはシアトルのすぐ向こうカナダのプロモーターであり、浅井さんがシアトルで試合をするので車を飛ばし会いに来たらしい。

ちなみにこういった後ろ姿の浅井さんの写真は、どれもオレがナイショで勝手に隠し撮りしたものであることをここに断っておく。

率直な感想……どう見ても桃屋だ。

「TAJIRIサーン、あなたとも同じリングに上がったことがあるんですよ！」

「い……いつですか？」

「12年ほど前、トーリューモンのコウラクエンです！」

「ああ、何となく記憶にあるなあ……」

しかし、やはりオレの中ではハリー・ポッターよりも三木のり平であり、そんなのり平さんの運転で会場直行。アメリカのインディーによくありがちな、街中にいきなり建っている教会のようなプロレス会場。控室へ通されると、なぜかワインにチーズにサラミなんていうお洒落なものが用意されている。

オレが毎試合こんな心づかいをされたら、試合なんかせず控室でへベレケになり出てこないこと必至。

「これ、浅井さんがワイン通なのを見越して特別に用意してあるんじゃないですかね？」

「ハハハ！　こんな気を使わなくてもいいのに！」

どうやら本当にそのようだった。ワインを用意されるレスラーなんて、世界広しといえども浅井さん以外にいないであろう。

グッズが売れる！　飛ぶように売れる！

この日オレはスペル・クレイジーとシングルで対戦。2月24日の全日本プロレス横浜文化体育館大会以来たった10日ほどリングに上がっていないだけなのだが、ここ最近は恒常的に試合をこなしているのでリングシューズを履いているとき、

「久々にプロレスラーに変身だな」

という気がした。

それほど大きい会場ではないが超満員。500人ほどの観衆で埋まった。コアな客層。ここ数年、アメリカのコアなファンたちはＥＣＷ的系譜を神格化している。オレとクレイジーが登場しただけで会場中が狂っていた。25年プロレスをやっていて、史上最強に狂っていた。オリジナルのＥＣＷでもＷＷＥでも、ここまでの狂いっぷりはあまり体感したことがない。いま熱いぞ、アメリカのプロレスは。

試合後、クレイジーと二人でリングのエプロンにグッズを並べ販売会。日本ではほとんどの選手がサインも写真撮影も無料で気軽に応じるのが通例だが、アメリカはすべて有料である。例えば、ポートレートそのものは10ドル。それにサインを入れたらプラス10ドル。さらに一緒に写真も撮ればプラス10ドル、と。つまり、原価はポートレート一枚分しかかっていなくとも、サインを入れ写真も撮ったら30ドルに化けてしまうワケである。

第3章 プロレスで金持ちになれる世界唯一の国
——アメリカ篇

ファンも、それを当たり前のこととして認識している。タダで「サインください」とか「写真撮って」なんて言ってくる人はまずいない。日本もそうあるべきとは言わないが、オレたちはプロである。本来はそういうものだと、オレは認識している。

この日、グッズはバカ売れだった。たった500人ほどの会場で、日本でいえば1万人でパンパンな両国国技館での物販ほどに売れまくった。本当に、いま熱いのだ、アメリカのプロレスは。

お客さんもだんだんといなくなり、そろそろ潮時かな？　という頃、人生のうち少なくとも53年間はメキシコの土をいじくって生きてきた風情のオッチャンが、

「ヘーイ、タジリィー！」

と泥酔し抱きついてきた。

「……何だ何だ⁉」

「お前はクレイジーの親友じゃろ？　ならばワシの親友じゃ！」

「タジリィー、ゴメンネエ！　その人ワタシの友達ネー！」

クレイジーの友達だった。このオッチャン、翌日のサンフランシスコ大会もクレイジーにくっついて同行してくるのだが……。

帰りしな、控室でワイン。浅井さんいわく、

「これ、結構高いやつだよ」

かつて駅で売られていたカップ濃厚葡萄酒を思い起こさせる味だった。安そうなコートのポケットに日刊ゲンダイを突っこんだ貧乏オヤジが高確率で飲む酒という、ひねくれた記憶あり。

しかし先日サンノゼで飲んだワイナリーのものとは根本的に何かがちがう。正直に言って、浅井さんのワイナリーのワインと比べると足元にも及ばない。浅井さんという人は、本物というか一級品へのこだわりが物凄く強いんだろうなと思った。

のり平さんにホテルまで送っていただく。ダウンタウンのど真ん中にある帝国ホテル並に豪奢なホテル。そのまま浅井さんと3人で晩メシに。ここ、シアトルのあるワシントン州はマリファナが合法である。レストランの向かいの駐車場に車を停めると、隣のオンボロ車の中から黒人の女が鼻からみつ豆を垂らしたようなケダるい声で、

「ヘーイ……マリファナあったら少しおくれよおー」

と声をかけてきてビビッてしまった。街中にもあちこちで葉っぱをキメている集団やラリッている集団が。

メシを終えホテルへ戻ると、もうかなりな時間。明日は早朝便でサンフランシスコへ戻

るので3時間後には出発である。こんな豪奢なホテルをとっていただいたのに、何だか実にもったいないのだ。

2019年3月9日　秋山準アメリカデビュー戦

早朝便でサンフランシスコへ戻ってきた。シアトルに比べると格段に暖かい。到着しターンテーブルへ向かうと、どこかで見たことあるようなおじさんが正面に立ちふさがり、

「おかえりなさい、お待ちしておりました！」

と仰々しく挨拶してくるではないか。誰だっけ、この人？

「あ！　コーヒーおじさん！」

日本語でそう叫んでしまったのだが「coffee」という部分に反応し、ニヤリ！　と笑みを浮かべるミステリアスさ。ガビーさんの命令でお迎えに来てくれたのだ。これからまずはホテルへ入り、夕方あらためて会場まで送ってくれるという。

ホテルへ向かう車の中。運転しながら髭にワックスを塗り「クルリン」と王様のような髭に変身するコーヒーおじさん。嬉しそうに、

「Myギミック！」

いったい何のためのギミックなんだよ！

さて、昨夜は結局1時間しか寝られなかったので、オレも浅井さんも一刻も早くホテルに入り少しでも体を休めたかった。

「あそこに宿をとってあります」

目指すホテルが見えてきた。ところが、なぜか駐車場に車を入れず素通りしてしまう。

「コーヒーおじさん、どうしたんですか？」

「駐車場が工事中で入れないようだったので」

ならば駐車場に入らずともホテルの前で降ろしてくれればいいのだが、紳士な人なので

コーヒーおじさん。率直に言おう……あやしいオッサンだ(二回目)。

実写版・チキチキマシン猛レースの世界だ。

道端にゲストを降ろすということをおそらくしたくないんだろうなと思った。

車はまだ走り続ける。サンフランシスコは一方通行だらけなので、迂回してくるまでにかなりの時間を要した。再びホテルの前……素通り。そんなことを何度も繰り返しているうち浅井さんが、

「タジリくん、これ何やってるんだと思う？」

「よくわからないですね……」

「俺が言うよ……ヘイ！　ホテルの前で降ろしてくれればいいんだけど」

するとコーヒーおじさんの背中がヒョコンと動き、

「あ、そういう考えもあったか！」

と叫んだような気がした。聞けば、やはりホテルの前で降ろすという発想は全く浮かばず、多少離れてもどこか駐車場に入れようとそれを探していたのだという。

「30分はロスしたなあ……アメリカ人って本当に変わった人いるよね」

浅井さんの渋い顔。

その後、ホテルで寝ていたらあっという間に出発時間。すでに迎えの車が到着しており、中に大きい人が乗っているなと思ったら秋山さんだった。たった一日会っていないだけだが、随分久しぶりのような気がした。

ジャイアント馬場と三沢光晴の威光

会場は高校の体育館。中に入ると、アメリカではなくメキシコのラテンな雰囲気。クレイジーもシアトルから到着していた。昨夜の泥酔オッチャンも一緒ではないか。

「子供の試合見に来てるネー！」

「酒を飲みながら、せがれを応援するんじゃ！」

泥酔オッチャンの息子もプロレスラーで、今夜のショーに参戦するそうなのだ。

遠くからオッチャンのこの姿を眺めていたオレとクレイジーは30分間死ぬほど笑い続けた。

しかしここで、オッチャンにとっての大問題が発生する。アメリカでは、学校施設にアルコールを持ち込めない。よって会場内で酒の販売も一切禁止。試合開始前から酒を飲もうと張り切っていたオッチャンは、それを聞いて絶句。もしかするとこのまま死んでしまうのではないか？　というくらいに落ち込んでいた。

試合前に売店設置。秋山さんも全日本プロレスグッズを持ってきており、自らテーブルで販売するという。先述したアメリカでの慣例を説明すると、やはりビックリしていたというか「サインをしてお金をもらっていいのかどうか？」というあたりに困惑を抱いていたようだったが、日本人にとってそれはごく普通の感覚であろうと思う。

そろそろ試合が始まるなという頃に控室へ戻ると、コーヒーおじさんが仮装行列のような恰好をしている。

「どうしたんですか？」

「私も試合ですよ！」

コーヒーおじさん、正体はプロレスラーだったのだ。何のためのギミックだよ!? なんて一瞬でも思っちゃったことを許してくださいね。

あやしいだとかインチキを通り越し、ここまでくるともはや無差別である。

会場はほぼソールドアウトで、1000人ほどの入り。この日もグッズは売れまくった。しつこいようだが、いまアメリカのプロレスは熱い。その熱気がストレートに売り上げへ直結しているのだ。

オレはこの日もクレイジーとシングル。無難に終えていよいよメインだ。秋山さんのアメリカデビュー戦。試合前にガビーさんがリングに上がりマイクを持ち、秋山さんのこれまでの経歴を入念に解説する。

「あのGIANT BABAの弟子であり……」とか「あのMISAWAと……」などの単語がポツポツと聞こえてくる。

メインの6人がリングに揃いコールを受ける。と、秋山さんがコールされたとき、紙テープが乱れ飛んだのだ。アメリカにはテープを投げるという風習はない。コアなファンたちによる日本式歓迎儀礼だったのであろう。

ショー終了後、明日日本へ帰ってしまう秋山さんに、「アメリカ、楽しかったですか?」

入場直前の秋山さん。右手の握りこぶしはプロレス界の五木ひろし風味。

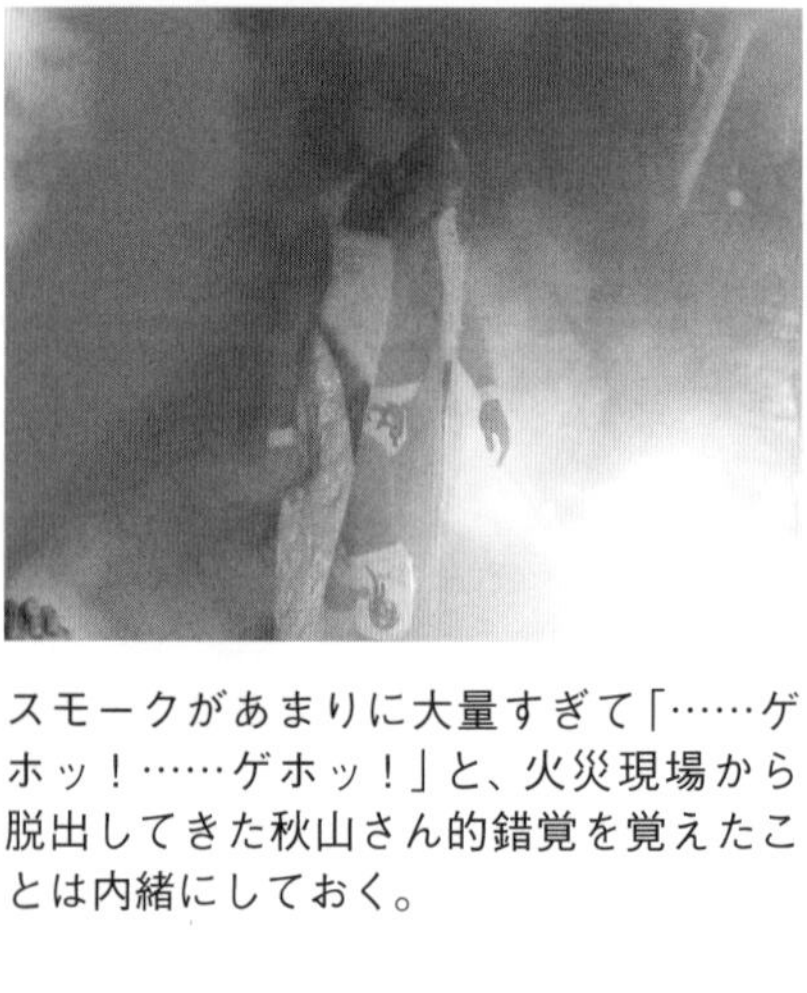

スモークがあまりに大量すぎて「……ゲホッ!……ゲホッ!」と、火災現場から脱出してきた秋山さん的錯覚を覚えたことは内緒にしておく。

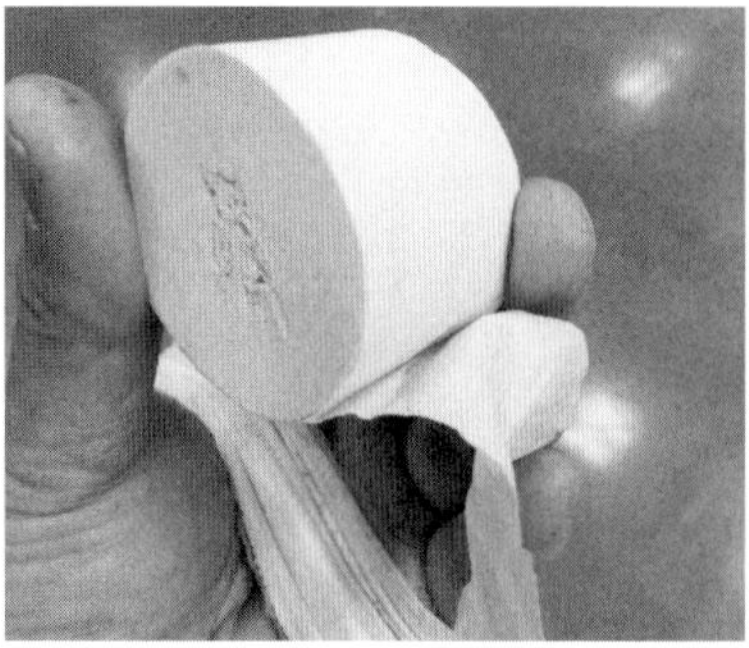

メキシカンの多い土地柄だけあって、メキシコシティの地下鉄駅で売られているマシュマロのお菓子に見えた紙テープ。あまりの懐かしさに涙が少しも出なかった。

と尋ねると、

「楽しかったですねえ！　これはハマってしまうかも！」

と上機嫌だった。

さて、オレと浅井さんは明日の朝一番の飛行機で6時間かけテネシーへ移動だ。そして、皆で遅い晩メシを終え部屋に戻ったら浅井さんから電話が。

「きょうからサマータイムに変わったので、1時間繰り上がるらしい」

そして時計を見ると……もう2時間後に出発なのであった。結局、寝たら起きられそうになかったので一睡もせず。

2019年3月10日 アメリカンプロレスの聖地、南部へ

早朝4時に空港に到着し、5時半の飛行機に搭乗。幸い機内はガラガラで、3席潰し横になって寝ることができた。

「浅井さん、ここで寝られなかったら結構ヤバかったですね」

「うん、この旅はかなりハードだよね」

ノックスビル到着。何もない、本当に田舎町だ。大きな建物といえば空港の真横に、それでも5階建てのヒルトンホテルが一軒建っているのみ。

「あそこに泊まるのかな？」と思ったらその通りだった。

出発までまだ時間があるので、それぞれチェックインを済ませ、ホテルのレストランへひとりでメシを食いにいく。浅井さんは部屋に入って寝てしまったようだった。

食い終わり、部屋のドアを開けると誰かがいる気配がする……浅井さんがベッドに横たわっていた。

「あれえ！　これはいったいどういうことですかね⁉」

「……たぶん、オレたちYOSHIHIROって同じ名前だから、何かの手違いで同じ部屋のカギ渡されたんだよ！」

フロントへ戻って訊くと、だいたいそんなカンジの手違いだった。あらためて自分の部屋のカギを渡され一件落着。

迎えの車に1時間ほど乗り会場到着すると、すでに試合が始まっている時刻だった。

ミリタリー体育館。周囲に米軍のトラックや装甲車が何台も停まっている。ECW時代はこういう会場もしょっちゅうだった。おそらく使用料が安いのではなかろうか。そして、この体育館の周りが何もない。見渡す限りののどかな光景。

「浅井さん、こんなところでプロレスやって人が集まるんですかね？」

「確かここ、一回出たことあるような気がするんだけど……。そのときはいっぱい入ってたよ」

浅井さんの言葉通り、会場に一歩入ると超満員で物凄い熱気だ。この日もほぼソールドアウト。入りは５００人ほど。控室にリッチ・スワンがいた。半年ほどＷＷＥに所属していた2年前、オレたちはすぐ近所に住んでいて、夜中に酒屋へ繰り出すとたいがい鉢合わせしたものである。

早く日本に帰ってアジの開きの小骨に付いた身をこそぎ落とし食いたいと涙させる、そんなアメリカのうろこ雲だった。

それにしても、いわゆる「南部」テネシーまで来ると、昨日までの太陽に燦々と照らされている西海岸とは完全に異なり、「アメリカの腹の中に来たな」というカンジで、控室の空気にも何とも言えないディープな南部感が。

試合はマット・クロスという選手の見たこともない技に敗れてしまった。それでも試合後にグッズは売れまくり、昨夜を上回る収益が。いったい何なのだ？　いまのアメリカプロレス界のこの熱気は！

車で約1時間走りホテルへご帰還。明日は早朝の飛行機でオレは日本へ、浅井さんはメキシコへと帰る。

「タジリくん、きょうはもう晩メシはいいよね？」

「はい、もう疲れたんで酒も飲まないで寝ます」

ところが部屋へ戻る途中、ホテルのバーがまだオープンしているのを目撃してしまう。やはり飲みたくなってしまうではないか。カウンターに座ると黒人のバーテンさんが、

「もう閉店だよ」

と、ツレなすぎることを言うが、

「何とか！　何とか一杯だけ飲ませてくださぃ！」

さっきまで飲まないツモリでいたのに、こうなってくると逆に飲みたくなるものだ。バーテンさんは土下座も厭《いと》わずなオレの気迫に押されたか、

「じゃ、何がいいんだ？　好きなものを買っていって部屋で飲んでくれ」

リッチ・スワン。かつてドラゲーのレギュラーだっただけありモッチーの入場曲を日本語で歌える、おそらく世界唯一の黒人。「いつか北島三郎がゲストの日に『NHKのど自慢』に出てみたい」と壮大な夢を語ってくれた。

プロレスと酒があれば生きていける。

と心の広いことを言ってくれたので、コロナ3本とテネシーウイスキーのショットを1杯お持ち帰り。

南部の田舎町。部屋でひとりチビチビ飲る、2年ぶりのアメリカ最後の夜だ。

今回の旅で知ったこと。それは、いまアメリカのプロレス界はビッグバンを起こす寸前感がハンパないということ。WWEの一国独裁がAEWの登場により変化を起こそうとしているいま、その周囲を衛星のように取り巻くその他大勢の団体も、共に大変化を遂げる夜明け前だ。

かつてオレがECWに所属していた頃、WWFとWCWという二大巨頭がしのぎを削っていた時代。それはアメリカにプロレスブームという大きな波を形成し、小さなECWもその恩恵をふんだんに享受することができた。あの、最高にエキサイティングだった頃のアメリカが戻ってくる気配がプンプンしている。

あのときのエキサイティングなアメリカをもう一度体感できる。オレの人生で、それはいまがきっと最後のチャンスだ。だから今年、オレはアメリカへいきまくってやるのだ。

テネシーウイスキーを一気に喉の奥へ流し込むと、内臓も頭の中も一気に激しく着火したような気がした。

旅のあと③

なぜアメリカのプロレスはいつの時代も面白いのか

アメリカ編では、トライアウトの模様も詳しく書いた。その中で2名の合格者「一人はヘビー級の黒人、もう一人はクルーザー級の白人だ」という記述があるが、ヘビー級の黒人はその後、全日本プロレスに留学生として来日した。ノビー・ブライアント（※2019年5月より全日本道場に3カ月間留学）である。

クルーザー級の白人は合格したものの「聞いてくれ……エッれえことが起きた！　数カ月も日本へいくなら離婚するって、うちのカアちゃんが怒り狂っちまったあああ！」という切なすぎる理由から自らキャンセル。代わりに次点が繰り上げ来日を果たすのだが、それがJRクラトス（※2020年2月シリーズに来日）であった。

文中から溢れ出ているように、2019年前半時点でのアメリカプロレス界の熱には凄まじいものがあった。その勢いにオレ自身も乗っかるつもりだったのだが、同年後半は欧州や東南アジアからのオファーが相次いでいるうち、あっという間に2020年となってしまい、世界は新型コロナウイルス蔓延へと突入していく。

そういえばオレは、もしもコロナがなければ、『2020チャンピオンカーニバル』に参加するはずだった。野村直矢(※現在も欠場中)の代打として白羽の矢が立ったのだが、その期間はすでにアイルランドでの試合を入れてしまっていた。

それでも地方の一大会だけ欠場すれば、なんとかリーグ全戦をこなせる。そのためには後楽園ホールからスタートし西日本&九州を南下し、鹿児島から広島まで一気に折り返したら翌朝には大阪の関空までいき、そこからドイツ経由でアイルランドへ飛び、3日間だけ滞在して2試合をこなした翌日には日本へ戻り、成田から今度は電車で会津若松へ移動し滑り込みセーフで試合をこなすという、かなりムチャクチャな日程だった。しかも、後楽園ホールでの最終戦翌日にはフィリピンでの試合も組んでいたのだ……。

こうして、ほんの少し前のことを『あの頃はよかった』なんて思えてしまう時代がやってくるだなんて、地球上の誰一人として想像していなかったに違いない。

コロナ以降も、アメリカからのオファーは何件かあった。配信用収録試合の目玉にしたいから来てくれと言うのだ。しかしアメリカには時として、日本では考えられないくらい能天気な人間が存在する。「2週間の隔離があるんですよね?」と質問したら「それは何のことだ?」と、異次元からの使者のような返事を送ってきたプロモーターが本当にいたのだ。

他にも「LIVEビジョンで登場してくれ」というオファーもあった。配信試合の途中で、いきなりオレを登場させるという。

「で、私はそこで何をするのですか?」

「ワッハッハ! とバットマンのように笑ってくれればいい」

「そういうキャラじゃないんで……」

「そうかなあ?」

……きっと、誰かと間違えたんだなと思った。エンタメに関わる人間は、繊細かつブッ飛んでいないと面白いものはつくれない。そんな人間たちがウヨウヨしている、アメリカのプロレスがいつの時代も面白いのは、至極当然のことなのだ。

第4章

混沌と神秘、アジアのプロレス

―― フィリピン、シンガポール、マレーシア、香港篇 ――

アジア各国に現存するプロレス団体の歴史はどれもまだ新しいが、古い文献を読むとアジア各地で行われたプロレス興行の記録は割と頻繁に登場してくる。プロレス的なレベルでは日本や欧米に較べまだまだ発展途上だが、逆説的にはそれだけ今後の可能性に満ち溢れているということでもある。本章ではフィリピン、シンガポール、マレーシア、香港が登場するが、その他にも韓国、ベトナム、タイ、インドなど、いまやプロレスの輪が急速に広がりを見せているマーケットでもある。

オレのおこないが本人も知らぬうち
フィリピンにプロレスを誕生させていた！

2019年5月某日

かつての旅先で知らないうちに自分の子供が……

7年ほど前まで、オレはＷＮＣとＲＥＩＮＡ女子プロレスという二つの団体をプロデュースしていた。二つの組織の金主であるＲＥＩＮＡ女子プロレス会長の奥さんはフィリピン人。しかも会長はフィリピンとのハーフである朱里ちゃん（※本書の対談に登場）のことをたいそうかわいがってくれており、ＲＥＩＮＡの絶対エースとして君臨させることを条件にＷＮＣを資金的にバックアップし続けてくれていた。そんなある日、

「採算度外視でいいからフィリピンで興行をやるぞ！　これはワシの夢なんじゃ！」

と高らかに宣言。プロデューサーであるオレも下見や準備のため、女子エース朱里ちゃんwith 朱里ちゃんのおかあちゃん（純フィリピン人）と一緒に何度かフィリピンへ渡った。

興行当日。現地でプロレスといえばＷＷＥが放送されているのみだったので、プロレス自体がそれほど知られていないんだなと思える程度の集客だったのだが、オレたちのショ

ーは現地の若者を大いに感化させたようで、それから5年後の2019年1月、試合で香港へいった際、フィリピンから来たという若い選手が、

「私たちはTAJIRIさんや朱里さんの試合を見てプロレスを始めたのです」

と、一生懸命に語り始めるではないか。

「それはいったいどういうことですか?」

「5年前にWNC―REINAがマニラでおこなったショーにインスパイアされた若者たちが、フィリピンにプロレスを創ったのです」と。

衝撃だった。自分が何げなくおこなったことが、知らないところで生命を育みスクスクと成長していたのだ。それは、かつて旅をした先で知らないうちに自分の子供が生まれており、その子供が現地でプロレスラーになっていることを知った……そんな衝撃。

「いつか機会がありましたら、是非とも一度フィリピンへ指導と試合にきてください」

使命感が芽生えた。これは、是が非でも一度フィリピンへいかなくては。まだ見ぬ我が子の顔を見にいかなくては。オレはまず、アジア全域にハンパないネットワークを持つ香港の友人であり、レスラーでもあるホーホー・ルンに連絡を入れた。

「ホーホー、フィリピンのプロレス関係者で知り合いいる?」

「もちろんいるよ。いまフィリピンにはプロモーションが3つあるんだけど、どれがいいかな? ホーホーホー」

「5月中旬がわりとヒマなんで、その頃にショーを打つプロモーションないかな？」

「ちょっと待っててホーホーホー」

しばらくし、

「MWF（Manila Wrestling Federation）が5月18日にショーをやるみたいホーホーホー」

「やった！　その団体は道場あるの？」

「3つの団体の中で唯一道場を持ってるよホーホーホー」

「よし！　じゃ試合と、できたら道場にも顔を出したいんだけど、可能かどうか聞いてもらえる？　飛行機代は自分で出すし、ギャラはタダ同然で全然いいから！」

「ちょっと待っててホーホーホー」

またまたしばらくし、

「熱烈大歓迎だって！　ホーホーホー！」

「ありがとう！　ホーホーホー！」

そんなワケで自腹のチケットを購入。成田からマニラまでの往復がたったの3万5000円だったのでビックリ。さらにはホテルも予約したら、かなり高級そうなのに一泊たったの3000円弱。

「現地のローカルフードで済ませれば一日3食で1000円もかからない」

ガイドブックにはそんなことも書かれている。5年前はほぼすべて現地関係者の接待だったのでお金を使った記憶がなく、物価相場をそこまで具体的には把握していなかったのだ。物価が安い国、そう聞くだけでワクワクしてくる。

オレは旅先で買い物なんてほとんどしないのだが、それだけモノが安いということはまだまだ未開発な国というワケであって、そういう国こそ想定外の楽しいことが待ち受けている可能性が高いことをオレはあちこち旅してよく知っている。こうしてオレは5月13日から一週間の予定で、フィリピンへ飛ぶ機上の人となったのである。

2019年5月13日 まだ見ぬ我が子を育ててくれた恩人に出会う

マニラ・アキノ国際空港。飛行機を降りた瞬間、亜熱帯特有のムワッとした大自然の匂いが熱気とともに押し寄せてくる。

入国審査で何も聞かれることなく、荷物検査にいたっては係員すらいないという素通り状態でフィリピン入国。出発前日にMWF関係者から届いていたメールによると、空港ゲートへ迎えがきているからということだったのだが、さて。

ゲートに出ると、「THE東南アジア」然としたとんでもない数の出迎えの人たちがたむろしていて一瞬ひるんだ。この暑苦しく雑然とした光景はいつかどこかで見たことがある。そうだ、オレが初めてメキシコへ渡った大学二年生のとき、30年近く前のメキシコ国

際空港がちょうどこんなカンジだったのだ。そんな中に、

《ＴＡＪＩＲＩ》

と書かれた大きな紙があった。あれだな。向こうもオレを目に留めたようでこちらに向かって歩を進めてくる。長髪に髭を蓄えた大男だった。

「ＴＡＪＩＲＩさん、初めまして、ＭＷＦを主宰する、タレックです！」

ゆったりとした口調。差し出してきた手を握ると、まるで子犬に触れるかのようなソフトさでこちらの手を握り返してきた。

追悼・浪越徳治郎先生。「指圧の心は母心、押せば命の泉湧く」いま我々はこの言葉の真の意味を深く考え直してみる必要があると、フィリピンであらためて考えさせられた。

「タレックさんは試合もするんですか？」

社長兼レスラーかと思うほどにその体格は大柄で、１９０センチは優にありそうだ。

「いえ、私の本業は、俳優なんです」

「5年前に、ＴＡＪＩＲＩさんたちが、フィリピンで興行をやりましたよね？　それに影響を受けた、私の友人をサポートする形で、私がオー

ナーに、就任したのです」

まだ見ぬ我が子を引き取り育ててくれた恩人……そんなところだろうか。

駐車場まで歩くと、タレックの彼女であるレックシーさんが車で待機していた。5年前にもそう感じたが、フィリピン人は実に人懐っこいというか初対面の人にも壁を作らない。笑顔で「はじめまして！」の次に彼女がオレに投げかけた言葉が「おなかすいてないですか？」だったので笑ってしまった。

「ムチャクチャすいてます！」

「じゃ、ホテルに入ったらすぐにごはんへいきましょうね！」

「TAJIRIさん、どんなものが、食べたいですか？」

「ド現地のものがいいですね」

「私も、旅先では、いつもそんな、感じです！」

走る車の窓から見える街中の光景が、5年前とは比べ物にならないくらい整備されている。さしたる渋滞もなく40分ほどでホテル到着。

「TAJIRIさん、私が、カバンを持ちますよ」

「いやいや！　とんでもない！　自分で持ちますから！」

車の中で話していて判明したのだが、タレックは20年ほど前から大のWWEファンであり、オレが在籍していた頃が「いちばん、エキサイトし、たくさん、見ていた時代でし

た」というだけあってこちらが恐縮してしまうほど気を使ってくれる。ホテルでチェックインする間もフロントの人たちに、

「こちらは、私の友人で、元WWEのTAJIRIさんですので、粗相のないよう、お願いいたします」

てなカンジで、どうせ誰も知るはずないので恥ずかしくなってしまうではないかと思ったら……知っていたのだ。ホテルのフロントや警備員たちが、オレのことを知っていたのだ。一人が何かワーワー騒ぎ出し、フロアの警備員5人ほどが集まってきて一緒に写真なんぞ撮ってしまった。誇らしげにカメラを構えるタレック。しかしオレがWWEの電波に乗っていたのは15年ほど前までなので、毎度言うことだがテレビの力というものはそれだけスゴイということをオレは伝えたく、あえてこのエピソードを記した次第。

部屋に荷物を置き再び車へ。

「近くに、素敵なモールがあります、そこで、食事をしましょう」

ガイドブックによると、マニラには巨大モールがあちこちにあるらしい。それらのほとんどがここ数年でできたのだとか。

フィリピン発「世界で三番目の」プロレス団体

「TAJIRIさんは、お酒は、飲むんですか？」

「ムチャクチャ飲みますよ」

「実は、私も、大好きなんです！」

向かった先は純フィリピン料理の店。日本でいえば和食屋ということになるのだろう。

ところが、席に着くなり大問題が発生する。ウエイターのアンちゃんと何やら話し込むタレック。

「TAJIRIさん、すみません！ きょうは、どこもお酒を出せない日なんだそうです！」

「それはタイヘンなことじゃないですか！」

詳しいことはよくわからなかったが、どうやらフィリピンにはそういう日があるとのこと。カトリックの国なのでイスラムの戒律とかそういう理由からではなく、現職の大統領（ロドリゴ・ドゥテルテ）が就任してから治安

モールで食っていちばん旨かったのがこのミルクフィッシュ。フォークの突き刺され方から、生前は人から相当恨まれる生き方をしてきた魚であったことが窺える。

強化的な意味合いでそういうことのようなカンジだった。しかし、どこにも抜け穴はあるようで、

「とりあえず、ここでごはんを済ませましょう、開いているバーが、必ずあるはずですから！」

と自信満々なタレック。レックシーに指示を出し何やらスマホで調べさせている。

「あったわ！　ホテルの近くのバーが開いてる！」

「これで、安心、しましたね！」

妖しいバーで酔っ払って調子に乗り、自分らをルパン三世一味と信じて疑わず「スイス銀行の現金輸送車襲撃くらい簡単だ」とすっかりソノ気になっている代々木アニメーション学院卒業生の仲良しグループにも見える。

何だかワカランけど、とりあえずよかったよかった。

メシを終え車でホテルのほうへ向かう。すると、ありました。いかにもマニラの夜といった趣の妖しいバーが。フィリピンのビールといえばサン・ミゲールに決まりだ。

「ＴＡＪＩＲＩさん、私はＵＡＥに留学していた、ムスリムなんです、イスラム教徒が、酒を飲むのを見たことありますか？」

「いま初めて見ました！」

「そうでしょう、そうでしょう、アハハハ！」

かけつけ二杯。タレックに色々と質問してみる。

「俳優業ではどんな活躍を？」

「フィリピンの、映画や舞台に出ています、今度は、ケンタッキーフライドチキンのコマーシャルにも出るんです、だけど、まだまだ、それほど売れているわけでは、ありません」

「俳優は儲かりますか？」

「だいたい、一作に出演して、2万円ほど、良いときで、4万円ほどです、それでも私は、出演作が多いので、恵まれています」

物価の安いフィリピンだからして、まあまあの収入と見た。

「フィリピンのプロレスは入場料をどれくらい取るのですか？」

「私たちのMWFは、すべて無料です、私が、スポンサーを集めてきます、これは、未来への投資だと判断し、まずは見てくれる人を増やそうと、そういうスタイルを、採用しています」

「フィリピンで唯一道場を持つプロモーションとのことですが、維持費もバカにならないのでは？」

「うーん、ちょっと、説明が難しいのですが、そのあたりは、支援者の尽力で、うまく回しています」

「ゆくゆくはプロレスでどのような夢を？」

「私は、ＭＷＦを、世界で、三番目の組織にしたいのです！　一番と二番は、もうおわかりですよね？　だから、三番目の組織にしたいのです！」

一番は間違いなくＷＷＥだろうが、二番目が新日本なのかＡＥＷなのか、それはオレにはわからなかった。

「ＴＡＪＩＲＩさん、もっと、飲みましょう！」

マニラ初日の夜は、またもやオレの人生に現れたナイスな新キャラとの酒盛りで暮れてゆく。

2019年5月14日　驚愕！　フィリピンのプロレス道場

10時間ほど寝ていた。薄暗い部屋の中だがカーテンの隙間から陽光がさしており、外はどうやら快晴のようである。ノソノソ起き出し、まずは朝メシを食いにいくか。

暑い。数分歩いただけで汗がダラダラ。それでも日本の夏ほどの湿気はなく不快には感じない。いまは乾季だが、もうそろそろスコールの降る雨季に突入するとのこと。

しばらく歩くと、いかにもフィリピンでございといった風情のメシ屋があった。朝のプレートを頼むとこれがたったの１１０円。

美味い。５年前も思ったがフィリピン料理はオレの舌に実に合う。食い終えて、そのまま街中をブラブラ。今度は屋台の果物屋でスイカを買ったら、これがたったの40円だった。ホテルに戻りウダウダしているうち時刻は午後2時。タレックが迎えにきた。きょうはＭＷＦ道場でフィリピンの若者たちに指導するのだ。

きのう通った空港から街中へ向かう道に渋滞はなかったが、この日はとんでもない大渋滞。これはもしかすると、国際的イメージに関わる空港から市街地への道はここ数年でう

朝のプレート。手前は、本日が借りた金の返済日であることを思い出し、急速に労働意欲を失ってから作り始めたヤル気のない目玉焼きに違いないと思った。

スイカを喰らうフリをしながら、フィリピンの路上でシンナーを吸い現実逃避する国外逃亡オッサンのような、人生へのヤル気に満ちた顔つき。

まく整備できたけれども、それ以外はまだ手が付けられていないということだったのかな？　なんて一人勝手に考えてしまった。本来ならば20分で着くという道を1時間近くかかった。

「さあ、道場に、着きましたよ」

一階にミニストップがある四階建てのビル。

一階はコンビニなので、道場があるとすれば二階かそれ以上ということになる。これは立派な道場ではないか。

「コンビニのものなぞ添加物だらけだわ！」と、一階のコンビニへ買い物に来る庶民を見下し生きているフィリピンの海原雄山が階上でふんぞり返り暮らしている妙なビルのような気がした。

「私は、家族と一緒に、ここの三階と四階に、住んでいるのです」

それならば二階が道場なのか。と、タレックがビルの脇道へ入っていく。どこへいくのだろう？

「TAJIRIさん、道場は、こちらです」

「え、ビルの中じゃないの？」

「フフフ、中では、ないのです」

ギギギィーッ……。鉄の扉のその向こ

うには……。

青空が広がっていた。吹きっさらしに、リングがポツンと置かれている。道場は、屋外だったのだ。

オレはこれまで、世界各国のプロレス道場をたくさんたくさん目にしてきた。半屋外の道場ならばメキシコにはあった。しかし、常設なのに完全屋外は初めて見た。オレは、来たんだな、フィリピンに……。

「ヘーイ！　ＴＡＪＩＲＩー！」

扉の向こうに馬がいるような気がした。

入れ墨だらけな巨漢の黒人がいきなり飛びかかって抱き着いてきた。

「あっ！　チリー！」

かつてＥＣＷで一緒だったチリー・ウィリーだ。数年前からフィリピン人と結婚し現地で後進の育成に当たっていると風の噂に聞いてはいたのだが、およそ20年ぶりにこんなところで再会することになろうとは。

お互い積もる話をしたいのだが、オレの到着をいまかいまかと待ち構えてくれていたフィリピンの若者たちが熱い視線でジッとこちらを見つめている。

「お待たせしました、TAJIRIです！　皆さんと一緒にトレーニングさせていただきます！　よろしくお願いいたします！」

英語でそう挨拶すると、待ってました！　とばかりに拍手で歓迎してくれた。

扉の向こうにはチリーという名で親しまれるアメリカ産のキングコングが。後ろの捕獲班が麻酔銃で眠らせようと協議しているハリウッド式合成写真。

中央右は日本が世界のどのあたりに在るかすら知らないくせに、ダチョウ倶楽部のモノマネだけはやけに得意なチョビヒゲオヤジ。

発展途上な国の、発展途上な練習生たち

さて、こういう道場だからして、更衣室なんてものはやはりない。チリーが「あっちで着替えてこいよ」と指さした先は、ただの汚い「空間」だった。

ＭＷＦコーチであるチリーと話した結果、この日は初日なのでオレが矢面に立って指導するというより、彼らに普段どおりの練習をおこなってもらい、気が付いた点があればその都度アドバイスを送るということにした。チリーがそう皆に告げると、色の黒い、よく鍛えこんで引き締まった体をした二枚目の若者がリングに上がり、要領よく皆を仕切り始める。きっと彼がリーダーなのだろう。

「チリー、彼は？」

「あいつはファビオといって、こいつらのリーダー格だ。試合もダントツ、いちばんいいんだ」

「ほう……」

練習開始。ファビオの号令で、準備運動からのアップ運動が延々と続く。腿上げ、バー

着替え場所。床下の汚さも気になったが、昭和52年の横浜・寿町が落下してきそうな天井がそれ以上に気になった。

ビーなど数種類の運動を2分ワンセットで延々と続ける。この時点で全員すでに汗まみれ。なにしろ気温は30度を軽く超えているうえに湿度も高い。

その後リングへ上がり、ブリッジなど首の鍛錬を中心に反り返りなどの柔軟性を高める運動もみっちり。

ここまではオレが口をはさむ余地なく、実に合理的な練習だ。次いでマットワーク。リング中央にキックミットを置き、その周りを4人同時に前転後転、飛び込み前転、倒立前転などでグルグルと回っていく。マット運動をひととおり終えたら、今度は前回り受け身でグルグルと回っていく。

中央がファビオ。そしてオレと同じ高校の鉄道研究会所属で女子生徒に「気持ち悪い」と罵られた際、「なんで？　おれ駅の名前たくさん知ってるよ」と名言を吐き余計に酷評されたまま卒業の日を迎えた田中くんにクリソツな右隣の子の横顔が気になる。

しかしここで気が付いたのだが、全員が同時におこなうことにより指導者の目が隅々まで行き届かず、ほんのちょっとの不正確さが増長し、フォームがだんだん乱れていってしまっている。これまで多くの若者を指導してきたオレの方針として、どんな小さなムーブでもとにかく繊細に正確に、これを最も重視している。フォームの些細な乱れが積み重なると、

夕暮れ時になり、先ほど撃たれた麻酔銃がだんだん効き始め弱ってきているアメリカ産のキングコング。

試合でのムーブが美しくならないのだ。明日はこのあたりを力説しようと思った。

すぐに汗でマットがベシャベシャになってしまうので、合間合間に雑巾で入念に拭く。滑るマットは大けがにつながりやすい。

次に実際に投げられての受け身からロープワーク。簡単なコンビネーションなど、ときおり水分補給を交えながら、この日の練習は3時間に及んだ。結局、オレは細かいことはほとんど口にせず、それは明日の指導でみっちりおこなうため、皆の情報収集にこの日はほぼ終始した。

フィリピンの若者は日本を目指す

練習後、四階のタレックの家でシャワーを浴び、階段で夕涼み。道場を見おろすと、先程までの練習内容を各々が自主的におさらいしていた。

香港でオレに、フィリピンにもプロレスがあることを教えてくれた例の若者が階段を上がり話しかけてきた。

「TAJIRIさん、本当にフィリピンまで来てくれてありがとうございます！」

「いや、キミが香港で教えてくれたから来てみようと思ったんだよ」

「ボクたちの練習を見ていかがでしたか？」

「おおよそできているんだけど、細かいポイントがまだかなり欠けてるので、明日はそれをみっちりやるよ。これまで教わったのはチリーだけ？」

いつか、この中の誰かがこの屋外道場へ金の雨を降らせてほしいものである。そして、壮絶な奪い合いが確実に起きるであろうことを願って。

「メインはチリー先生ですが、これまでフィリピンに遠征に来た海外の選手が短期間教えてくれたりもしました」

「フィリピンでは1試合でどれくらい稼げるの？」

「よくて1000ペソです」

「てことは……2000円か」

「よくてその額ですね」

「最終的にプロレスでどうなりたいの？」

この質問を、オレは海外で出会った若者に必ずする。

「日本にいきたいです！」

即答だった。その口調からは「願望」なんていう生やさしいものではなく、「決意」という強固な意志が感じられた。いまの日本の若いレスラーで、将来の指針をしっかりと持っている者がいったいどれほどいることだろう。プロレスは「ただやりたいから」なんていう者が手を触れてはいけない職種だとオレは思う。人生を懸け挑む「道」、それがプロレスだと、オレは思うのだ。

フィリピンで出会った若者は28歳。この中では長老の部類だった。長老なだけあって、絶対バレずにカンニングを成功させる方法などの特殊知識には長けていそうな凛々しい顔立ち。

夜、ひとりで飲みにいきたかったのでホテルを出て街をウロつく。それほど治安のよいエリアではないようで、路上に浮浪者が段ボールハウスで寝ていたり、物乞いの子供が寄ってきたりもする。それでも、最初からこちらを殺すつもりでいる者にでも出くわさない限り、逆に「こっちが殺してやるぞ！」くらいの気迫を絶やさず警戒を怠りさえしなければ、普通に人々が暮らしているエリアならばまずたいてい大丈夫だ。オレは、あれほど治安が悪いとされているメキシコでも危険な目に遭ったことは一度もない。

それでもひとり酒を飲み、酔いが回ってくるとさすがに、

「こんな時間にさっきの道を酔ってひとりで帰るのはヤバいかな……」

という気持ちになってきた。そうだ、街のあちこちで見かけるトライシクルと呼ばれるサイドカーのタクシーで帰ろう。しかし、トライシクル自体が安全かどうかわからなかったので、バーの入口にいた警備員のおっちゃんに尋ねてみる。

「トライシクルは安全ですかね？」

「全然大丈夫だよ、値段をふっかけてくるヤツがいるから事前に交渉して乗ればいいさ」

「▽○ホテルへいきたいんですけど、いくらくらいですかね？」

「20ペソ（40円）かな？　ここで待ってればオレがトライシクルをつかまえてあげるよ」

横で待たせてもらうことにした。

親はなくとも子は育っていた

物乞いの子供が近寄ってくるたび、警備員のおっちゃんが「あっちにいけ！」と追い払

う。あの子たちの親はいったいどこにいるのだろう？　時計はすでに23時を回っている。こんな時間まで生活の糧を自分たちで稼ごうだなんて、なんてハングリーな子供たちなのだろう……。

そして、オレはハッと気が付いた。

親はなくとも、子は育っていたのだ。5年前に生まれたフィリピンのプロレス。その出生にオレは関わっていたかもしれないけれども、そんな親のようなオレなんかがいなくとも、子供であるフィリピンのプロレスはいま自分の足でしっかりと歩いている。

「だからどうした？」と問われたら別段何でもないのだが、これはオレの中で何だかとても新鮮な気付きであるように思えた。

警備員のおっちゃんがトライシクルをつかまえてくれた。

「60ペソ（120円）」

と言い張る運転手だったが、強引に30ペソにまけさせた。もう夜中なのでどんな危険も避けようと、相場の20ペソでなくともそれくらいでいいかな？　と思ったのだ。

実はこのあと運転手はホテルの手前で「ここから先は別途20ペソ」とホザいてきたので、どうせ永遠に食わないであろう飲み屋での食い残し(海外では持ち帰りパックに包むのが常)を手渡したら喜んで運んでくれたという深イイ話あり。

沢木耕太郎先生著・大沢たかお主演『深夜特急』OPシーン再現写真。ちなみにこの本のタイトルは沢木先生無認可……というか……先生の視界にすら入らないと思われる……永遠に……。

サイドカーの横からビュンビュン顔に張りついてくる亜熱帯の夜風を受けながら思った。オレの血を継ぐフィリピンの若者たちよ。すでにひとり立ちしたキミたちにいまさら親の加護は必要ないかもしれないが、親にとってキミたちはいつまでたってもかわいい我が子なのだ。余計なお世話だろうと何だろうと、かわいい我が子のためなら親であるオレはこれからもどんどん余計なお世話をしてやるぞ、と。

明日の練習では、遅れてきた親として精一杯の余計なお世話をしてやろう。そう思うと、なぜかニヤニヤが止まらなくなるのであった。

2019年5月15日

フィリピンのエースは元ストリートチルドレン

またもや10時間ほど眠っていた。南の島フィリピン。どうしてこんなによく眠れるのだろう。そういえば小学校のときの歌集に南の島の少年を謳った「レロンレロンシンタ」という歌があったなあ……まだボンヤリする頭で、そんなことを思い出したりしていた。

本日も快晴。フィリピンの陽がいかほど強いものなのか、昨夜手洗いし敢えてほとんど絞らずベランダに干しておいたタンクトップがもうカラカラに乾いている。それを着てホテルのそとへ出向き朝メシ。ごはんに総菜二品＋小瓶のスプライトが2本で合計３００円少々。安い。

フィリピンでは右手にスプーン、左手にフォークを持つ。昨日から真似してやり始めたところ、これが「なるほどね」という具合に使いやすい。こうして日々少しずつ現地化していく自分を実感するのが海外では楽しかったりする。

干しブドウが三粒乗っかっていたが、よく見りゃ三匹のハエだったという宇宙時代を予感させるピラミッドごはん。

道場へいくのは午後2時。時間があるのでホテルのジムへいくつもりだったが、先週分の当連載を書いているうちにあっという間に時間が経っており、気が付くとタレックたちが迎えに来た。

「ＴＡＪＩＲＩさん、よく眠れましたか？」

「ムチャ寝れましたよ！」

「ベリーナイス！　ベリーナイス！」

昨日あたりからだんだんわかってきたのだが、

タレックの口癖は「ベリーナイス！　ベリーナイス！」のようである。

道場へ向かう道はこの日も大渋滞。やっと車が流れ始めたなという頃、交通整備をしていた警官が我々の車をいきなり止めた。

「あ！　レックシー、きょうは、何曜日だったかな？」

「きょうは水曜日よ！」

「しまった！　多忙すぎて、すっかり、曜日の感覚が、無くなっていた！」

排気ガス規制などがある国によくあるアレで、フィリピンも自動車ごとに運転してはい

正直な話、巨体なタレックのほうが悪名高いフィリピン警官よりも傍から見たら数倍恐ろしいヤツに見えるような気がした。

大好きな菊池桃子の正体が、実はガッツ石松だったと知ったとき級の絶望感。

けない日があるようだった。タレックの車はこの日が該当日だったのだ。どの車が該当するかはナンバープレートから判別できるそうである。車を降り、警官と何やら話し込むタレック。

と、車に戻ってきてカバンをゴソゴソ。財布を取り出し再び警官のもとへ。お札を手渡した。警官は「ニカッ！」と笑ってそのお金をポケットへねじ込み「いけ！」というゼスチャー。罰金だとしたら何かしらの手続きをするだろうから、これはもしや噂に聞く例のアレでは……？　落ち込んで車に乗り込んでくるタレック。いきなり叫ぶ。

「ああ！　2000ペソ（約4000円）！　ムダな出費だあ！」

いわゆる、警官へのワイロで見逃してもらうというヤツである。ホンモノを生で目撃したのは初めてだった。しばらくのたうち回っていたタレックだが、平静を取り戻して一言。

「TAJIRIさん、フィリピンへようこそ！」

プロレス組織のボス、その理想像

道場到着。昨日も気になっていたのだが、道場横の露店からやけにいい匂いが漂ってきており、練習中もその匂いが絶えることはなかった。まるで出店の焼きそばの匂いがリング上でも絶えることない、お祭りでの野外興行のような。露店を覗くと、日本でいえば串揚げのようである。牛、鶏、卵、イカ、野菜など、様々なものを串に刺して揚げている。

「ＴＡＪＩＲＩさん、トライして、みますか？」

「食いたい食いたい！　こういうの面白くて大好き！」

「ベリーナイス！　ベリーナイス！　ＴＡＪＩＲＩさんが、フィリピンのストリートフードを初めて口にする、これは、相当に面白い光景です！　是非とも、ネットでＬｉｖｅ配信するしかないでしょう！」

このときを機に、タレックと一緒にいる際のオレの「初めての」おこないは全てＬｉｖｅ配信されることとなる。しかもタレック、Ｌｉｖｅ配信の司会を始めるや普段のおっとり口調とは真逆なプロのＤＪ並みのノリノリ口調に早変わり。

「ハーイ、フィリピン全土はおろか全世界に配信されているこのＬｉｖｅ！　きょうはマニラの路上からなんと！　元ＷＷＥスーパースターがストリートフードを口にするという前代未聞にインテレスティングなシーンをお届けしちゃうよ！　ヘロー、Ｔ

立地的に、目の前のミニストップに商売戦争を仕掛けている武闘派串揚げ露店のような気もした。

第4章 混沌と神秘、アジアのプロレス
――フィリピン、シンガポール、マレーシア、香港篇

ＡＪＩＲＩさん！　いかがかな？　いまの心境は⁉」

と、さすが本職は俳優だと唸らせるその変貌っぷりに、エンターテイナーの本質と真髄を感じずにはいられなかった。

そう、さらにタレックは組織のボスとしてファンが喜ぶこういった細かい仕掛けを欠かさないというか、いや、そうではなく、タレック自身が好きで好きでたまらないのだ、こういったことが。楽しんでいるのだ、自分の仕事を、使命を。そういう人間がボスとして君臨している組織は下の者もノビノビやれる。そして、そういう組織をファンも応援したくなる。ものすごく大事なことなのだ、こういったあたりは。ここ最近、海外各国で様々な組織をつぶさに観察し、そのあたりがとても重要なんだなと、オレはひしひしと感じている。

道場に入ると、リーダーであるファビオが号令をかけ皆で準備運動をおこなっていた。きょうはコーチのチリーがこないとのことで、全ての指揮をオレが司るらしく、

「ＴＡＪＩＲＩさん、どういたしますか？」

と、ファビオ。

「じゃ、準備運動が終わったら皆リングで一列に並んで。きょうは数人同時にやるのではなく、一人ひとり細かいところをきっちり見ていくから」

「イエッサー……へーイ、全員リングに整列！」

まずはファビオの指示で昨日と同じブリッジなどの補強運動をやってもらう。
まだ陽が高く、建物の影がかかっていない直射日光の当たるリングの半分が焼けるように熱い。

ボクらに欠けていたのはプロレスの「理論」なんです

さあ、オレの指導開始。まずは、リングに上がったら練習とはいえ一瞬たりとも「素」の自分を見せてはいけないということから説明を始める。観客の前で素を見せてはいけない。普段の練習は、そういう自分に変えていくための練習でもあるという説明から始めるのだ。

ファビオに投げられそうになっているのはサザンオールスターズへの憧れから稲村ヶ崎で海の家を始めたものの経営不振に陥り、夢を諦め山梨へ帰り今度は心機一転ほうとう屋を始め見事大成功を収めた根が真面目なチョビヒゲオヤジのような気がする。

そして全員を一列に並べ前転から丁寧に。ただ

第4章 混沌と神秘、アジアのプロレス
――フィリピン、シンガポール、マレーシア、香港篇

漫然とやるのではない。人に見られていることを意識しながら前転をするのだ。そうすると前転を開始する前の、ただ立っている状態から隙がなくなる。顔つきも変わる。これが大事なのだ。こういった意識の日々の積み重ねで、人前に出たときの「見られ方」に大きな大きな差がついてくる。

そして、まずは進みたい先に視線を定める。真っすぐに、進むべき方向へ、まずは何を差し置いても視線ありき。そうでないと、あらぬ方向へ進んでしまう。真っすぐに進みたくても、視線が右にあれば体は勝手に右へ進んでしまう。左もまた同様。だから、進みたい方向へまずは視線を定める、これが非常に大事なのだ。

試合中、曲線を描くようなヘンなロープワークをしたり、コーナーへ振られて真っすぐに走れないレスラーをたまに見かけるが、初期段階からのこういった理論が欠けているとそうなってしまうのだ。だからオレは、どんなムーブでも必ずそういった意味とコツがあるんだということを説明しながら進めていく。

そしてそんなオレの説明を、ファビオはすぐさま理解していた。理解したばかりか、それをさらにわかりやすく紐解き、皆に英語で伝えていたのだ。例えばアームドラッグなどの投げ技は、投げたあとの起き上がる方向に絶対的な決まりがあるので（これが誰一人正しくできていなかった）、

「相手を投げたあとは、必ず相手のいる反対側に反転して起き上がること」

と指示を出すと、ファビオは大きく頷き、

「相手とは反対側に起き上がることによって相手との間に距離ができ、次のムーブへスムーズに移りやすくなるから、これからは皆そうしよう！」

と、全てをすぐさま理解してしまうのだ。この子は頭がいい。唸ってしまった。

あっという間に1時間以上が経過し、しばし休憩。ファビオが近寄ってきて
「ボクらに欠けていたのは、こういったプロレスの『理論』なんです」

と、分かりやすい英語で話しかけてきた
「ファビオの英語は分かりやすいね」

「それはおそらく、ボクがかつて日本人を専門に教える英語教師をしていたからだと思います。日本人との会話に慣れているからかもしれません」

「え、そんなことしてたんだ！　いまはプロレス以外に何か仕事してるの？」

「ジムのインストラクターをしています」

「フィリピン以外で試合したことはある？」

「フィリピンから出たことはまだ一度もありません。ですが一度、プロレスではなく英語教師の仕事で日本へいけそうになったのですが、ビザが下りずにいくことができませんでした」

「フィリピン人が日本のビザを取るのは難しい？」

「はい、とても難しいです。ですが、頑張っていつか必ずプロレスで日本へいきたいと思います」

「アメリカじゃなく日本なんだ？」

「はい、ボクはアメリカよりも日本のプロレスがいちばんスゴいと思っていますので」

この日の練習は延々5時間にも及んだ。まだ陽が高いうちに始まったのに、終わる頃にはすっかり真っ暗。

しかもフィリピンは日本のようにどこにでも街灯がある環境ではないので、日が暮れると本当の真っ暗闇になってしまうのだ。なので最後には小さなランプを灯していた。

仕上げに、垂直に飛び上がるＴＡＪＩＲＩ式ジャンピングスクワットを全員で１００回。オレに教えられた子は皆例外なく、イヤというほどこれをやらされている。ファビオもさすがにキツかったようだったが、終了後には満足感いっぱいで暗闇の中、「サンキュー、ＴＡＪＩＲＩさん！」と、笑みをこぼす白い歯だけがよく見えていた。

そして、終了と同時にとんでもないスコールが襲ってきた。

屋根のない道場。皆キャーキャーと大騒ぎだ。雨が降るのは久しぶりだったらしい。オレは取材が待っていたので、道場隣のタレックの住居へ移動した。

「ＴＡＪＩＲＩさん、きょうの、トレーニングはいかがでしたか？　ＭＷＦのリーダーである、ファビオのことは、どのように、思いましたか？」

「彼は実に賢くて皆のリーダーにふさわしいです。必ずいいレスラーになると思いますよ」

「ベリーナイス！　ベリーナイス！　それは我々にとって、とても嬉しい言葉です！　実は彼は……」

「……彼は？」

「子供の頃、マニラの、ストリートチルドレンだったんです」

「えっ……」

「だから、プロレスでのし上がろうという、ハングリーさは、群を抜いています」

誰もが陽気で、気候もよくて、食い物も美味くて。オレにとっては、そんなフィリピン。しかし、それに浮かれてはしゃいでいると、ときどき唐突に深刻な現実を突きつけられてしまう。それも、フィリピン。ここは、日本とはあまりに全てが違う。そう、ここはフィリピン、フィリピンなのだ。

取材。ネットメディア中心だが、プロレスを報じる媒体がフィリピンにもこんなにたくさんあるのかとビックリするほどのマスコミが来た。誰もが最初に聞いてくるのが、

「ＴＡＪＩＲＩさんたちが5年前にマニラでおこなったショーについて」

だったので、そのうち飽きてしまい逆にこちらから、

「40年近く前、日本の大磯武というレスラーがフィリピンに移住し新日本プロレスを招聘《しょうへい》

したことがあるのをご存知ですか？」
と質問したところ、誰一人として知らなかった。興味がある方は是非調べてみてくださいな。
取材後、タレックたちと露店で酒。バロットという孵化寸前のゆで卵を食わされた。その様子も、大はしゃぎでLive配信するタレックであった。

2019年5月16日　異国に来たらその国のモノを食え！

明後日のショーのため、この日に道場のリングを解体しトラックへ積み込むとのことで練習はなし。初めての完全オフ日。
夜、タレックとレックシーとチリーとオレの4人でマニラのリトル東京へ。日本人街なのになぜか韓国料理屋へ入り、焼肉を食ったらこれが10回死ぬほどマズかった。やはり異国へ来たらその国のモノが断然美味いと再認識。

2019年5月17日　庶民のフィリピン物価事情

朝、財布の中の残金を確認したら、フィリピンに来て以来まだ1万円も使っていないことが判明した。人から奢っていただくことも多いとはいえ、このお金の減らなさは世界各国回ってきたオレでもかつて経験ないほどだ。フィリピンの物価はとにかく安い。

この日は、同業者として気になるので日本人が営む鍼灸院へ。向かう車の中でタレックが「来年くらいに、観光で日本へいってみたいのですが、とにかく、物価が高いと、聞きました」と。

「何でもムチャクチャ高いですよ」

「たとえば、どんな、具合、ですか？」

「フィリピンで2LDKくらいのマンションを借りたらいくらくらいですか？」

「場所にもよりますが、マニラのいい場所で、家具付きで、だいたい、400USドルくらい、ですかね」

「東京だったら1500USドルは普通にします」

「ワーオ！　ベリーバッド！　ベリーバッド！」

「フィリピンではビール一杯1USドルくらいですけど、日本では確実に5USドルはします」

「ワーオ……これは、日本ではなく、リトル東京で、我慢します」

それにしても、車の窓から見える光景。昼間から道端で何をするでもなく、ただ立っていたり座っていたり、そんな人たちがあちこちにいるフィリピン。

「タレックさん、ああいう人たちはいったい何をしているんですかね？」
どういう気持ちであああした意味のなさそうな時間を費やしているのだろうか、という意味で尋ねたのだが
「ＯＨ！　あれは、フィリピンの言語のタガログ語で、××（忘れた）という、固有名詞があるおこないです！」
何もしないで道端でボーッとしている状態を表す言葉がある、というのだ。つまりそれは立派な行為ということなのである。

「海外でゲテモノにトライするボクは好奇心を抑えきれない冒険野郎なんだ！」と、生ぬるい海外旅行者にありがちな自己満足を獲得すべく明らかに無理をしている帽子野郎。

新メンバーに代々木アニメーション学院の５期先輩なキングコングを迎え、今度は「エジプトの金の棺もいただいちゃう⁉」と、ますます自分らはルパン三世一味と信じて疑わないハッピーなご一行かもしれない。

そして、鍼灸院到着。値段も聞かずにタレックと二人施術していただいたのだが、これが完全に対日本人価格でひとり5000ペソ（約1万円）と、この日までに使ったお金以上の額が一瞬でなくなってしまった。日本の感覚でいえば、きっと5万円は払うカンジだろうか。

夜、フィリピンのもうひとつのプロレス団体であるPWRの方々と酒。こちらのボス、一目見た瞬間のインパクトありすぎ。

鍼灸院で吸い玉。しかし、吸われたのは背中よりも財布の中身だったという笑うしかないオチ。

科学では解明できない粉を手から出すサイババの類か、ゴダイゴのリーダーかもしれないと思った。

2019年5月18日

フィリピンのプロレスを「プロレスの真似」にしてはいけない！

MWFのショー当日。快晴、というか、ムチャクチャ暑い。会場はショッピングモールの駐車場。一応屋根がかけられてはいるが、リングを組むスタッフが服を着たまま水に浸かったように汗でベショベショになっている。

フィリピンのテレビ局の取材を何件か受けた。アナウンサーが英語で色々質問してくるのでオレもつたない英語で受け答えするのだが、こんな不完全な英語がテレビに流れて本当にいいものかいな？　と、我ながら心配になってしまった。

続いてサイン会。前日にタレックが、

「いい写真がありましたら、ポートレートにして、明日売りますので送ってください。タジリさんにも、売り上げの6割、渡しますから」

とのことだったので、まだ日本で発売していなかった写真を送ったところ、これが綺麗な光沢でプリントされサイン会ブースに置かれている。

「これ、フィリピンではいくらで売るんですか？」

「原価が、ほとんどかかっていないので、20ペソです」

20ペソ！　なんと40円だ。逆に、それ以上の値段では買い手がいないということでもあろうか。嬉しいことに用意されていた100枚が完売したが、その6割は2400円という、これもまたフィリピンの現実だ。

控室は特設テント。中はレスラーやら、何だかよくわからない関係者らでごった返し足の踏み場もないとはまさにこのこと。簡易空調で一応冷房こそ効かせてあるが、人の出入りが激しいのでいつまでたっても涼しくならず汗が噴き出す。

と、試合前のそんな控室の中で、若い子がギターを弾き始め、それに合わせて皆が歌いだしたのだ。これにもフィリピンを感じてしまった。日本の控室で若手がギターなんて弾

「スゲー、さだまさしみたい!」と調子に乗らせたところを「テメえ! 控室でギターなんか弾いてんじゃねえよ!」と豹変し皆で半殺しにする愉快なイタズラ大作戦のような気もした。

このまま永遠にショーが始まらなくても、文句を言う人は一人もいないような気がした。というか、なぜ自分がここにいるのかすらよくわかっていない人もかなりいたような気がする。

こうものなら、コワい先輩にフルボッコにされること必至である。

無料観戦できるとあってプロレスに興味がありそうな人もなさそうな人もどんどん詰めかけ、すでに300人ほどが着席している。しかし……17時開始の予定が、18時を過ぎても始まる気配が全くない。それでも観衆はいつまでも気長に待ってくれそうなフィリピンの夕刻。そろそろ陽が暮れかかっている。

18時を20分ほど過ぎた頃、進行表を手にしたタレックが控室に入ってきて、いつものゆったり口調ではなくLive配信のときのあの口調で皆を仕切り、ミーティングを始めた。気合が入っている。そして最後にこんな言葉で締めた。

「派手なことや危ないことを無理してやろうとしないでくれ！　自分にできることだけを最高にやればそれでいい！　そして……そう……そうだ……本当はこれだけでいいんだ……みんな！　思う存分にショーを楽しんでくれ！」

我が子よ……プロレスは「道」である

ショー開始。まずは代表のタレックがマイクを手に絶叫しながらリングへ駆け上がり、ノリノリの前説。そう、タレック自身がショーをいちばん楽しんでいる。お客さんもノリノリで狂ったように騒いでいる。それはプロレスのノリというよりロックコンサートのようだった。すっかりできあがって試合開始。

そして、オレは絶句してしまった。実は道場での練習の際、「この子はデビューするまでにまだ1年はかかるな」と思っていた子たちが、すでに全員試合に出ていたのだ。

それでも観衆に見られているといつも以上に上手くできるもので、道場での動きよりソツなくできてはいる。だが、それは本物のプロレスではなく「プロレスの真似」に過ぎないことを、オレはフィリピンの子たちにわかってほしい。

ここ最近、世界各国のプロレスをつぶさに見てきて、WWEの試合を上辺だけ模倣した「プロレスの真似」が世界に広がり、それはもしかするともう取り返しがつかないのでは？　と思えるほど蔓延しているという現実。オレは、我が子がそんなナンチャッテのプロレスへ向かっていくのは耐えられない。彼らが誤った方向へいかないために、フィリピンにはより良い指導者が要る。絶対に要る。オレの試合はセミファイナル。相手はファビオだった。

試合前、控室の遠くから彼の様子を観察

ちょっとだけ工藤静香のように見えたのでそう伝えたら『嵐の素顔』のアノ仕草をしようとファビオの右手が動き始めた瞬間ではない。

すると、異様に緊張していることが可哀想なほどわかった。ＭＷＦでしか試合をしたことがないのであろうから、これまでの試合はほぼ身内同士でおこなってきた彼にとって、海外から来た元ＷＷＥレスラーと戦うことはこれまでの人生で最大のステージなはず。

はたして、やはりファビオは他の子たちとはレベルが違った。まず、リングに上がってきた時点で戦う顔と態勢ができている。単なるＷＷＥ模倣レスラーはフツーの顔でリングに上がり、自分が披露したい技のことばかり考えているので雰囲気が散漫としている。さらにファビオは派手な技に走ろうとせず、基本的なムーブばかりで試合を構築しようと努めていた。いまの時代、誰もが派手なムーブに走るので逆にそちらのほうこそ空き家であることをわかっているかのようにも感じた。

それでも緊張からか、何度か距離感をミスしてしまう。それは傍《はた》から見ている人にはわからない微妙なミスでしかないのかもしれない。しかしそのつど、悔しくて悔しくて心が歯ぎしりしているのがヒシヒシと伝わってくる。そんなファビオが、試合中だというのに愛おしくて仕方がなかった。

結果、ファビオは敗れたが、オレはリング上で彼を抱きしめ、その健闘を心から称えた。マニラのストリートチルドレンだった子がプロレスと出会い、そのプロレスをフィリピンに産み落とした、まだ見ぬ親とリングで出会ったのだった。

控室。ファビオは号泣していた。きっと、試合中のミスがまだ悔しくて悔しくて、自分が不甲斐なくて仕方がなかったのであろう。オレの姿をみとめるや走り寄ってきて「ありがとうございました！　アドバイスをください！」と。

オレは、こう答えた。

「とにかく試合数をこなすだけ。試合して試合して試合して、もうとにかく試合数をこなすしかない」

自分でそう言った直後、はて？　これと同じことをオレはいつかどこかで誰かに言われたような気がするぞ？　と思い当たった。そうだ、メキシコだ。まだデビューして1年しか経っていない頃。どうしても思うようにいい試合ができなかったオレは、名選手として名高いブルー・パンテルに彼との試合直後、控室でファビオと同じ質問をしたことがあったのだ。そんなオレにパンテルは微笑みを浮かべ、

「Lucha Lucha Lucha……todos los dias! Lucha Lucha Lucha!」（試合して試合して……毎日試合するしかない）

と、全く同じことを答えてくれたのだった。プロレスは日々の修練の繰り返し練り返し。そう、プロレスは「道」である。

「プロレスに出会えただけで人生かなり幸せなんです」

さて、止まらない汗をかきながら着替えていると、選手関係者らが知人や家族を連れてきて「一緒に写真を撮ってもいいですか？」と、次から次にやってくる。おそらく100人以上と撮ったであろうか。そういえば5年前、WNC－REINAでフィリピン大会をおこなった際も、試合後の控室に朱里ちゃんの遠い親戚やらその知り合いやらがひっきりなしにやって来て、現地の人だらけになってしまったことがあった。

「フィリピン人は、家族や仲間との絆を、人生で最も大切にします」

そういえば先日、酔ったタレックがレックシーの肩に手をまわし、そんなことを語っていたことを思い出した。

撤収も終わり、会場モールのレストランで打ち上げ。主宰者として、裏方として、出役として大わらわだったタレックは搾りカス状態となっており、イスに座ってビールを握りしめたまま放心状態だ。

隣にファビオがやってきて、何となくプロレス以外の話をたくさんした。

「TAJIRIさんの故郷は日本のどちらですか？」

「クマモトというところだよ」

「熊のキャラクターで有名なところですね！」

「よく知ってるなあ、そんなこと！」

「以前英語を教えていた日本人から聞きました」

やはり、この子は賢いのだ。普通、いったこともない国の地方都市の名前なんて三歩あるいたら忘れてしまう。

「ファビオはマニラの出身なんだっけ？」

「いえ、ボクの故郷はマニラから16時間かかる島なんです」

「バスで？」

「いえ、船です。飛行機も飛んでいなくて、船でしかいけない島なんです」

「へえ……」

その島からどのようないきさつでマニラに漂着し、ストリートチルドレンだった過去へとつながっていったのかは聞かなかった。しかしいまこの若者は、プロレスという果てなき道の入口へと辿り着き、いまその道を自らの力で着実に歩んでいこうとしている。

放心状態だったタレックがフラフラした足取りで近づいてきて、

「TAJIRIさん、きょうの、ギャラです、ありがとうございました……！」

と、封筒を手渡してきた。実は今回の旅は自分から志願したことだったので、ギャラの話はタレックと一切していなかったし、もらえなくても全然構わないというか、それが当然のツモリでいた。しかし封筒を開けてビックリ。そこには、日本での試合の平均的ギャラ以上の額がUSドルで入っていたのだ。

驚いたオレのリアクションに、ファビオは封筒の中に大金が入っていることを察したはず。確実に安いギャラで同じ試合を戦った彼に対し申しワケない気持ちに襲われたので、

「ファビオも……プロレスでどんどん稼いでいかないとね！　ハハハ……」

すると、

「はい、いつか必ずそうなってみせます。だけどいまのボクは、プロレスに出会えただけで人生かなり幸せなんです」

まだ見ぬ我が子は、親が想像していた以上に自らの人生をしっかりと歩んでいた。ファビオのことが、実の我が子のように愛おしかった。オレは遅れてきた親ではあるけれども、これからはかわいい我が子に寄り添い余計なお世話をどんどんどんどん焼いていけたらと、あらためてそう思った。

プロレスラーは観客に何を見せているのか？ inシンガポール

2019年11月23日

15年前に写真を撮った少年がシンガポールのエースになっていた

ここ最近、東南アジア各国へ試合で呼ばれる機会が多くなった。フィリピン、マレーシア、香港、台湾……これはひとえに東南アジアでプロレスが盛んになってきていることのひとつの証でもある。

そんな東南アジアで今後必ずや重要拠点となってくるであろうと思えるのが、シンガポールだ。地理環境的にも、国自体の経済ランク的にも、きっと今後は東南アジア・プロレス界の中心を担う存在になっていくと思われる。

そんなシンガポールからお呼びがかかった。訪れるのはおそらく15年ほどぶりだろうか。WWE在籍時は、アジア市場開拓のため毎月のようにプロモーションへいかされた時期もあった。特にクリス・ベノワさんとトーリー・ウィルソンと3人で日本からマレーシア、そしてシンガポールへと一週間もプロモーションして回ったことは、いまでも良き思い出だ。

当時のシンガポールはWWE人気こそ高かったものの、現地独自の団体はまだ存在していなかった。しかしこの15年ほどでどこの国とも同じようにWWEに影響された現地組が活動を始め、いまでは2団体がしのぎを削り合っているという。

今回オレを呼んでくれたのはSPWという団体。主宰者にしてエースのアンドリューとはアジア各国で頻繁に一緒になるので、以前から顔見知りだ。シンガポールまでは日本から7時間の空の旅。深夜に成田を飛び立ち、到着したのは朝7時。いつものように誰も迎えに来ていない亜熱帯の熱気むせ返る朝の空港から今回の旅、始まり始まり。

アンドリュー。この笑顔で「マッサージしまひょか？　ウヒヒ！」と空港内の誰彼構わず大阪弁で話しかけてほしかった。

入管を出て、まずは日本から着てきたダウンジャケットをカバンの奥底へ押し込み、ロビーで気長に迎えを待つ。マレー人、中国系、インド人、白人、イスラム系……シンガポールは人種のるつぼだ。様々なビジュアルの人々が目の前を通り過ぎてゆく。アンドリューからLINE

が来た。

「TAJIRIさん、いまどこですか?」

「Gゲートの前にいるよ」

「すぐにいきます!」

こうして海外で現地の人と簡単に連絡が取れてしまう現代の便利さよ。WWEに在籍していた十数年前では考えられない。何しろスマホはおろかネットもメールも、それほど普及していない時代だったのだ。ちなみにオレが生まれて初めて携帯電話(もちろんガラケー)を購入したのはWWEと契約した29歳のとき。時代は変わる……とかグダグダ考えているとアンドリュー参上。背は低いが異様な筋肉質に中国系キン肉マンの顔が乗っかっているとイメージしていただければ、まず間違いない。

挨拶もそこそこに「いまは便利だが昔は不便だった」という話をいきなり振ると、

「スマホもなしに海外にいっていたなんて信じられません!」

アンドリューはまだ30歳。何しろ15年前、オレが最後にシンガポールへ来たときはまだ15歳で、サイン会に並び一緒に写真を撮ったというのだ。時は容赦なく流れてゆく。

シンガポール女性は彼氏の命の危機をあざ笑う

アンドリューの下僕的召使いとおぼしきジェイソンという運転手の車でホテルへ。途中「朝飯を食いましょう」と、シンガポールに多いひなびた中華系のいいカンジな店へ。

メニューを見る間もなくアンドリューが、

「この店はスープです！」

と、勝手に注文してしまった。運ばれてきたのは豚のスペアリブのスープ。これがバカうま。

豚だからコッテリなはずなのだが透明でキラキラと脂が浮いたスープは清流のように澄んでおり永遠に飲めてしまいそうなほど澄み切ったコクがあり、旨い。しかもスープを飲み干すと、おばちゃんがポットからとどんどん注ぎ足ししてくれるのだ。

無限に飲めるスープシステム。他にも何品か出てきたのだが、このスープだけで延々とメシが食えそうである。夜間飛行でくたびれ

スープだけで白米をかっ喰らっていたこのとき、なぜか無性にAmazonプライムで大場久美子版『コメットさん』(二代目)の最終回を見て涙したい衝動にかられた。

た内臓がコクコクと喜んでいるカンジ。三人でお会計が40シンガポールドル（約３３２０円）。経済レベルが高いので、東南アジアなのにやっぱり物価はけっこう高いな。

そしてホテル到着。

「では午後3時に迎えに来ます」

7時間も飛行機に乗ってきたうえ、この数日前の試合でオレは腰を痛めていた。ここは少しでも眠り、とにかく体をいたわっておかなくては。それでもちょっとウツラウツラしたり、また目が覚めたりを繰り返し、とうとうたいして眠れないまま迎えが来る午後3時。

人命の危機とあってこの写真を撮ったのは騒動が収まった後だったが、運転手の男は生涯挽回不能な醜態を晒したことで、まだ大爆笑する女の手招きに応えることができず車の中で引きこもりと化していた証拠写真。

アンドリューからＬＩＮＥが。

「ボクはもう会場入りしていますが、まもなくジェイソンが迎えに来ます。ホテルの前で待っていてください」

言われたとおりにホテルの前で待っていると、オレとは関係がないのであろう、一台の車が乗りつけ、助手席から中国系の美人が降りてきた。運転席にはサングラスがカッコイイやはり中国系のアンちゃんが乗っており、彼女を見送ろうと車のドアを開け降りようとしたのだが、その瞬間……ギアを走行にさせたままブレーキだけ踏んでいたのを忘れていたらしく、半開きのドアから半身を乗り出した態勢のまま車が前方に動き出してしまったのだ。

「……OH!? ……Nooooooo!!」

その態勢のまま1メートルほど車は進んだものの、アンちゃんは辛うじて車内に戻り事なきを得た。そんな彼氏の生命の危機な光景を目の当たりにしたというのに、彼女は心配するどころか指をさして大爆笑。シンガポール女性、恐るべしだ。

観衆の期待値はグッズ売り上げに直結する

下僕のジェイソンが迎えに来てくれ会場へ。それにしてもこの下僕がよく喋る。それもプヲタ的話をである。

「ボクはやっぱりストーンコールドがいちばん強いと思うんですよ！　だけどアンダーテイカーが本気になったらもっと強いのではないかと！　それから……ええと……」

さらには日本のレスラー写真入り名鑑を過去8年分も持参してきており、

「全部にサインを入れてください！」

シンガポールに限らず、海外に来るとプロモーターの下僕的召使いにはこういった超プ下僕よ……正直に言っていいか……「これがアイドル女子レスラー○○選手のサインです！」なんて嬉しそうに見せられてもなあ……んなもん見てオレが喜ぶわけねえだろがあ！　オラアー！　と叫びたいのをぐっと我慢した。

ヲタが多いのだ。扱いには慣れている。だからそういう無限ループなヲタ話にオレはいつも、

「……うん！　うん！　ほほーっ！　へえーっ！」

と、実は全く聞いていないのに、さも聞いているい風に聞き流す術で対処するのを常としている。

そんなこんなで30分ほどで会場到着。繁華街のビルの一階にある500人ほど収容できる会場。無理やり日本でたとえれば「ビルの一階にある新宿FACE」といったところだろうか。場内に入ると、イスがたくさん並んでいる。レスラーにはどこの会場でも入った瞬間に「きょうは盛り上がるな」とか「きょうは沸かないな」とか、その日の観客の興奮度合いを予感する触角のようなものがあるとオレは思うのだが、この日は「確実に盛り上がる」予感ビンビンだった。

現場責任者としてあくせく動き回

っているアンドリューがやってきて、

「TAJIRIさん、グッズを売るならもう外に売店を出してください！　すでに並んでいるファンが必ず買ってくれます！」

と言うではないか。

「こんなに早くから本当に買ってくれるの？」

「シンガポールのファンはグッズを買うのが大好きなんです！」

言われるがままにテキ屋よろしく、日本から持ち込んできたTAJIRIくんグッズを並べるとこれが飛ぶように売れる。すでに、期待度が高いのだ。プロレスでも映画でも同じだと思うのだが、期待度が高かったり観終えたあとの満足度が高い場合、人々はどんどんグッズを買う。開場前に5種類あったグッズのうち2種類が完売してしまった。間違いない、今夜の試合は相当に盛り上がるぞ、こり

吉村昭の小説にもなった伝説の脱獄囚が、頭突きで突破したという極寒の網走監獄の天窓を思い出した in 熱帯のシンガポール。

や。

6時になり試合開始。客席の熱気が控室にまで波動となって押し寄せてくるほどの盛り上がり。ちょっと客席に出て若手の試合を見てみたのだが、技術的レベルは東南アジアのプロレスでもかなり高いようで、その場飛びシューティングスターのように難易度の高い技を平気で繰り出す選手がいたりもするのだが……。

オレの試合はメインで、アンドリューとのシングルが組まれた。まだ腰が完治していないのでコスチュームの下はコルセットでガッチガチに固め、いざリングへ。もの凄い盛り上がりだ。指先の動きだけでも「ウオオオオー！」と鋭敏に反応してくれる。こういうときはいくらでも動けてしまう。腰の不安は頭からスッカリ消え去り、観客の勢いに後押しされるがまま、毒霧からのバズソーキックで快勝した。

さて、試合後。リングの上ではアドレナリンが出ているのでたいした痛みは感じないが、やはり控室に戻るとズンズンと痛み出す腰。

「痛ててて……」

腰回りの筋肉が硬直しきっているので前屈ができず、コスチュームとシューズを脱ぎ、膝に着けたニーブレイスをはずし、靴下を脱ぐまでに10分以上もかかった。

会場に、シャワーはない。こういった場合、試合後の痛みをこらえながらトイレの洗面所でチョロチョロと汗と泥を洗い流すのである。

便所に入ったとき、誰か猛烈に腹をくだしたヤツの流し忘れを便器の中にモロ見してしまい、反射的に3度も水を流したという南国エキゾチックなエピソードあり。

毒霧で口回りや体のあちこちも汚れている。洗面台に口を近づけると腰に痛みが走る。胸元は受けたチョップの痕で真っ赤に腫れ上がっている。

リング上のスポットライトから舞台裏へと一歩戻ると、レスラーの試合後の実態なんていつもこんな具合である。シンガポールの薄暗い便所の中。これもまたプロレスのリアルな一面なのだ。

ショーを終え、アンドリューを中心に選手関係者らで会場近くの屋台村に集まり、盛大な宴。さて、今回のシンガポール篇。これまでは序章に過ぎず、ここから肝心な部分へと突入していく。酒を飲みながら、アンドリューがこんなことを口にし始めたのだ。

「TAJIRIさん。ボクも含め何人かのシンガポールのレスラーが先日上海でおこなわれたWWEのトライアウトを受験しました。タジリさんの弟子の黒潮〝イケメン〟二郎さんがトライしたのと同じときです。受験した中にはタジリさんもさっき見たと思いますが、その場飛びシューティングスターを楽々こなせるような者もいます。だけど、WWE首脳陣からは『それだけではダメなんだ』という評価でした。ボクたちにはいったい何が足りないのでしょうか？」

シンガポール篇の本題に、いよいよここから突入する。

2019年11月23日

プロレスにおける「キャラクター」とは何か

シンガポールの屋台。夜だというのにときどきムワッ！　と熱風が吹き付けてくる。アンドリューはWWE首脳陣の評価の真意が心底わかりかねね、それ以来ずっと答えを模索している様子だった。

「アンドリュー、すごい動きをするレスラーはいまや世界中に溢れているじゃん」

「では、それ以上の何を見せればいいんですか？　ボクたちは」

「キャラクター」

「キャラクター？」

「そう、WWEが……ビンスが求めているものは、すごい動きよりもキャラクター。ていうか、プロレスは技じゃなくてキャラクターで魅せるものなんだとオレは思う」

「キャラクターですか⁉　例えばボクも奇抜な恰好に変えたほうがいいのでしょうか？」

「そういうのはキャラクターじゃないの。キャラクターっていうのはシンプルに『この人はこういう人なんだな』と、すぐさまその性質を理解できる。そして『何を願っている人なのか？』がわかりやすい、そういうのがキャラクターなの」

「……ムムムッ!?」

長くなりそうなシンガポールの夜。とりあえず再びビールを注文した。

「どんなに奇抜な恰好をしても、それだけではキャラクターにならないんだよ」

「では『この人はこういう人なんだな』とか『何を願っている人なのか』をリング上でどのように表現したらよいのでしょうか？」

「そのためにこそ技を使うの。例えばアンドリューが凶暴なヤツなら、複雑ではないシンプルな殴る・蹴るを中心に試合を構成していくでしょ？」

「はい」

「だから、この場合はまず凶暴というキャラ設定が最初に来ないとダメなの」

「まずはキャラが決まらないと、そのキャラが使う技も決められないという意味ですか？」

「そう。とにかくまずはキャラ……とまではいかなくても、レスラーとしての自己像というか、自分がどんな人物かというイメージを浮かべておくことからスタートしてもいい。キャラは時間の経過と経験の蓄積により変化・成長していくものだから」

「では仮に、まずは凶暴なキャラを設定したとしますね」

「うん。設定が完了したら、その後に殴る・蹴るという凶暴なキャラにふさわしい技をチョイスしていく」

「ということは……」

「キャラクターを紹介するためのツールとして技を選択していくのよ」

「確かに、そうすれば『この人はこういう人なんだな』ということをリング上で紹介する作業がやりやすいですね」

「でしょ？　それが技なの。そのための技なの。そう考えると、単なる技だけを次々に披露されてもそこからキャラが伝わってこない。まるで肌色のノッペラボウによるアクションゲームにしか見えないと思わない？」

「思います」

「そんなもんにノレる？　一度見て派手なアクションに満足したら、もうノーサンキューでしょ？」

「そうですね」

「だから、どんなにすごい技だけできてもダメだというのは、そういう意味なのよ」

技よりもキャラを優先した思考を持つべし

「なるほど。しかし、すごい技はできるにこしたことはないですよね？」

「それはそうだよ。例えばさっきのその場飛びシューティングスターにしても、そういう技を使うキャラは『もっとハイな自分になりたい』みたいな発展途上の若いキャラが駆使するべきだと思うんだけれど、それには簡単なムーンサルトより高度なシューティングスターで表現してくれたほうが見るぶんには面白いからね。ま、それも展開次第というか、色々な技術的裏付けに基づく使い方によるんだけど」

「何となく摑めてきました」

「だから技は要らないなんてことを言っているワケではないの。そもそも普通の人ができないようなすごい動きを見せるだけでも、それはそれで面白いし。だけどそうじゃなく、技よりもキャラを優先した思考を持っていないと、どんなに技が優れていてもその利用価値が半減するという意味で言ってるの。そこがわかっていないと、いつまでたってもプロレスで稼げるようにはなれないとオレは思う」

「プロレスで金持ちになりたいです！」

「さらに、そこがわかってくると試合の構築方法にも変化が出てくると思うんだよ。例えば試合序盤って、何のための時間だと思う？」

「基礎的レスリングスキルを見せるためでしょうか？　グラウンドレスリングがこんなにできるんだぞ！　と見せるための」

「確かにそういう側面も否定はしないけど、それだけじゃ他のレスラーと横一線なんだよ。それプラス、自分のキャラクターを紹介するための時間にしないといけないのだ」

「何だか奥が深いですねえ」

「全然深くないよ。明日にでもちょっと考えながら映画やマンガを見てごらん。どれも目にする人にわかりやすく理解してもらうための、ある共通する法則で構築されていることがわかるから。例えば新キャラが登場するシーンには、仕草やセリフなどでいかにシンプルに合理的に新キャラを紹介できるかの工夫がなされているかなど。それらを参考に、簡単に言えばマネしてしまえばいいの。プロレスもお客さんに見てもらう『見世物』なんだから。理解してもらってナンボ。だから徹底的に理解されやすい方法で提供しなくちゃならない」

「お客さんが第一ですもんね」

「ていうか、それだけだよ。それ以外には何もない」

「これは……技のすごさだけを見せてる場合じゃ全然ないじゃないですか！」

「さらに、キャラはその人が生まれ持っている性質から大きくはずれない性質のものを選ばないと、絶対にうまくこなせないから。無理なくこなせるものを選ぶ。それも重要なポイントとなる」

「それは何となくわかります！　なるほどぉ……」

オレもアンドリューもプロレス論議に夢中になってしまい、ほとんど手を付けていないビールは瓶の中ですっかりヌルくなってしまっている。新しいものを注文。会話は続いた。

肝心なのは「ベルトをほしい理由」だ

「では、もうひとつの『何を願っている人なのか？』というのは何のために、どのように表現していくのでしょうか？」

「例えば、映画やマンガなどストーリーに則《のっと》った『人がお金を出して見るもの』で絶対に欠かせない存在は誰だと思う？」

「主人公でしょうか？」

「そう、では物語はそんな主人公の何を見せるためのものだと思う？」

「主人公の願い達成の過程を見せるため……ですかね？」

「そのとおり。だから、まずは願いがないと物語が成立しないんだよ」

「それはわかります。やはりプロレスもレスラーたちの物語である以上、ストーリーに則った見世物ですしね。しかし、それをリングでどのように見せるのですか？」

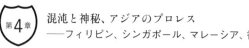

「まずひとつは、見せようと意識しなくていいの」

「では見せられないじゃないですか」

「それがね、プロレスはガチで願っていることが、なぜか見ている人にもジワジワ伝わる。そういう特殊な一面を持つ不思議なジャンルだとオレは思うんだよ」

「ほとんどのレスラーは『ベルトがほしい』と願ってますよね」

「うん。だけどそれだけでは当たり前のことなので、ノレる部分が少ない。大事なのはその先の『なぜベルトがほしいのか』、肝心なのは『ほしい理由』。そこからキャラの魅力が広がっていくんだよ」

「では例えば、シンガポールにプロレスを根付かせたくSPWを頑張っている。そんなボクの願いをどのように伝えればいいのでしょうか？」

「だったら、夢に向かってハングリーなヤツというキャラに乗せればいいの」

「あ……」

「そんなアンドリューなら、その願いをどのような技に乗せて披露していけばいいか……もう簡単だろ？」

「ヘンに複雑な技よりも、魂込めたストレートな技のほうがふさわしいような気がします！」

「そういうことなんだよ。ちょっと話が戻っちゃうけど、キャラと技はハマッたときに表裏一体でピタリと表現できるんだよ。それにいまのプロレスを観に来るファンは、ほとんどがネットでレスラーの情報収集なんかもしたうえで観に来るでしょ？　だから普段からガチな願いや思想や思考などもどんどんアピールしておけば、よりやりやすいんだよ」

「そういうのを試合でよりわかりやすく見せるためには、何を参考にするといいのでしょうか？」

「ＷＷＥ。何しろマニアではない一般層に向けたＴＶプログラムだから。入場時や試合序盤の仕草からも、そういったキャラの紹介バッチリな構成になっているはずなので。ま、最近は見てないからわからないけど。少なくともオレが所属していた頃は、そこまで計算された緻密なものを見せていたはず」

「いままでＷＷＥの映像を見ても、技のかけ方とかそういう面ばかりを見ていました」

「とにかく、何も考えずやみくもに高度な技を見せようとする試合をするのも成長段階的にはありなんだけど……若い頃はそれでもいいんだけど、そこから何か一つ抜きんでるためには、こういうことまでも常に意識し取り組むことが肝心だろうし。もっともこうした理論もあくまで『ＴＡＪＩＲＩ一個人の現時点における』プロレス理論にすぎないからね。プロレスとは人間が折りなす、ときとして法則無視だからこそ爆発することもある予測不能のナマモノだから。だけど、少なくともＷＷＥ上層部はそういった『プロレスにおける技から先の世界に気付く才覚がありそうかどうか』という部分を重要視している、とオレは思う」

「なるほど、だいたいわかりました！　まだまだ色々質問してもいいですか⁉」

すでに日付は変わったというのに、シンガポールの屋台街はまだまだ人で溢れている。

正直なところ、オレの英語能力はたいしたことないので、こうした会話も簡単な言葉の羅列に身振り手振りを加えたりと、理解し合うために時間がかかることおびただしいのだが、結局明け方近くまでアンドリューとのプロレス論議は続いたのであった。

2019年11月24日

シンガポールはプロレス論議に終始した旅

一日オフ。アンドリューにあちこち観光へ連れていってもらったのだが……行く先々でもプロレス論議は止むことなく。なので今回の旅は、プロレス論議が全てである。それ以上書くべきことは特にない、そんなシンガポールへの旅なのであった。

多民族国家マレーシア、その複雑なる宗教とプロレスと

2018年1月某日

「KAIという相棒がいるのですが」

断片的な記憶だけを頼りに書き連ねてみる。2018年1月、KAIとふたりでマレーシアへいった。オファーは、その前年の秋口に来た。

「マレーシアで私と戦ってください」

いきなり飛び込んできたメール。差出人は「Ayez Shawkat」アエーズ・シャウカットと読むのだろうか？　東南アジアは国によって名前さえも容易に判読できなかったりする。団体HPのリンクは貼られていなかったが、メールの最後に団体ロゴが記載されていた。ロゴに書かれている「AWE」をネットで検索してみると、団地の谷間のような野外に組まれた特設リングでの試合動画が見つかった。中近東系らしきレスラーと中国系らしきレスラーが戦う、いかにも多民族国家マレーシアらしい試合模様だった。

しかし。もしかするとカメラの位置に理由があるのかもしれないが、観客の姿が映っていない。マトモな団体なのだろうか？　そう言えばオレのメアドをどのように知ったのか

聞いてみよう。

「ホーホー・ルンから聞きました。彼も同日の大会に参戦いたします」

あ、ホーホーも絡んでいるのか、それなら確実に大丈夫だ！

よし、ならばいってみよう……しかし、なぜかひとりでいくことに気が進まなかった。というか、ＫＡＩと一緒にいきたかった。常日頃から「そのうちどこか一緒に海外いきたいなあ」なんて、二人で酒を飲みながらそんな話をしょっちゅうしていたからである。

「ＫＡＩという相棒がいるのですが、彼も一緒でＯＫならば」

すぐに返事が来た。

「大丈夫です」

これにて決定。

2018年1月某日　亜熱帯にそびえ立つ「吸血鬼の樹」

「まだまだ先の話だ」と思っていたらあっという間に当日を迎え、羽田だったか成田だったかすでに記憶にないのだが、出発前にＫＡＩと空港でビールを飲んでマレーシアへ出発。機内での記憶もまったくなく、クアラルンプールに到着したら誰も迎えに来ていなかった時点から記憶がだんだん蘇ってきたぞ。

「TAJIRIさん、どうしましょう？　誰もいないじゃないですか」

「ま、こういうことはよくあるから気長に待とう」

「そうなんですよね、何か飲みましょうか？」

二人でコーヒー屋か何かに入りシャウカットへ。

「こういう店にいます」と写真を添えてメッセージを送る。いまはWi-Fiさえ入れば海外のどこにいる者同士でも確実に連絡が取れてしまうので、本当に便利な反面、味気ないというか映画のようなハプニングが起こりづらくなったことがつまらないといえば実につまらない。しばらくすると、若い色黒な女の子とイスラム特有の布を頭に巻いたおばさん、太ったおじさん三人組が現れた。

「お待たせしてごめんなさい！　私はファー。シャウカットの妹です。こっちはお兄さん、こっちはその奥さん。いまから車で明日の試合地のジョホールバルまで移動します。兄はすでに現

プロレス業界にお友達が少ないクソ生意気な嫌われ者のオレにとって、KAIはココロ許せる稀少なマブダチである。

地へ入っているので、代わりに私たちが迎えに来ました！」

「そこまで何時間かかりますか？」

「だいたい5時間」

ゲゲッ……日本から6時間も飛行機に乗ってきたばかりの身にはキツすぎる距離なのだが、3人とも実にフランクで気を使わない人間だったので、お兄さんが運転し体のデカいKAIが助手席、オレとファーちゃんとおばさんは後ろに3人という狭い車中でも精神的にそれほどしんどくはなかった。

2時間ほど走り、そろそろ日が暮れるぞという頃にパーキングへ寄った。マレーシアのパーキングなんて初めてだ。ちなみにマレーシアへはWWE時代に何度も来ているのだが、空港とクアラルンプール市内を往復しただけなので今回のように現地密着な体験は初めてのことだ。

マレーシアのパーキング。南国らしく、葉っぱがたわわに生い茂った樹木が何本も立ち並んでいる。日本のそれと同様に、食い物屋と土産物を売る店もあった。建物が全体的に青い石やタイルでつくられており、写真や映像で目にするイスラム建造物な色遣いのイメージそのまんま。

トイレにもイスラム特有なホースが備え付けられている。使用後はこれでケツを洗うのだ。何だかよくわからない暗い部屋があったので入っていくと、10人ほどの男たちがアラーの神にお祈りを捧げていて仰天した。宗教に殉じる人間たちの現場には有無を言わせぬ迫力がある。

「TAJIRIさん、この『キーキーキー』っていう音なんですかね？」

オレもずっと気になっていた。音というか声というか、パーキングへ降りた瞬間から無数の『キーキーキー』という音が止むことなく聞こえていたのだ。

「どこかに猿でもいるのかな？」

「にしては数が多すぎやしないですか？　あ！　アレは一体なんなんだあー⁉」

KAIが樹木を指さすと生い茂った葉っぱが一瞬にしてすべて抜け落ち、「キーキーキー！」と鳴き声を発し大群をなして空へ飛び立っていったのだ。それを見たKAIは、

「コウモリだ！　生い茂る葉っぱに見えたのは全部コウモリだったんだ！　さてはキーキーキーという鳴き声もアイツらの仕業だったんだな！　くそおー、まんまと一杯食わされたあ！」

なんて……昭和の子供向けラジオドラマのようなセリフは口にしていなかったかもしれないが、樹木に群がっていた無数のコウモリとその奇声にオレたちが心底ブッたまげたのは事実である。マレーシアという国、まだまだいろいろ待ち構えていそうだな、こりゃ。

5時間のドライブの末、ジョホールバルへ無事到着。オレたちにあてがわれたホテルは海の真横の半島状な場所に建っていた。その区域へ出入りするにはいちいち簡単なチェッ

クもあるしホテルの周囲にはカジノもあるしガイジンだらけのディスコもあるしで、どうやらいわゆる経済特区というエリアのようだった。ならば治安も良いであろうが、そのような場所は観光客で騒々しいし、どこの国も想定内の同じような歓楽しか待ち構えていないのでオレはどうにも好きではない。

そのあたりはＫＡＩも同様で、

「来る途中にサビれた屋台がたくさんあったじゃないですか？　ああいうのいきましょうよ」

というので、部屋へ荷物を置くなりすぐさま街を徘徊。屋台の照明でオレンジ色に灯る街。道端に捨てられた魚や貝の匂い、香辛料の匂い、多民族の織りなす匂い、それに何といっても熱帯の潮風。それらが入り混じり、日本にはない海外の匂いを織りなしている。街中にはノラ猫が多く、屋台の客の足元へすり寄っていったり残飯を漁ったりと、彼らにとってこの街の生活環境はバツグンのようであった。

屋台のベトナム料理屋。アレコレ注文しビールを何本かずつ飲んでも勘定は驚くほど安い。ときおり横をすり抜けていくいやらしい恰好をしたケバいお姉ちゃんたちは、きっと売春婦なのだろう。しかしオレとＫＡＩは、

「英語もろくに話せないのに必死に注文を取りに来る、まだ年端もいかないあのお姉ちゃんがいちばんいい」

と、屋台で懸命に働くおそらく中国人の、真面目そうな、まだ子供のようなお姉ちゃんがやけに心に残るのう、ということで意見の一致を見たところでホテルへ戻り、その夜はおとなしく寝たのであった。

2018年1月某日

試合を中断させたイスラム教徒「お祈りの時間」

レストランで朝飯がタダで食えるという情報をキャッチし、降りていくと昨日車に乗せてくれた三人と一緒に、サングラスをかけた二枚目の男がいる。

「はじめまして、私がシャウカットです！」

背はそれほど高くはないが、俳優といっても疑う人はいないほどのいい男である。聞けば本当に元テレビタレントだったそうで、現地ではかなりの知名度だそうだ。メシを食いながら色々話をしたのだが、その会話にも品というか知的さが溢れており、これはプロモーターとしても相当なモノなのではあるまいか？　という予感がしてきた。ちなみにこのとき食ったお粥が異様に旨く、あとから降りてきたＫＡＩに勧めると、

「うわ！　旨い！　これは旨い！」

と、バクバク何杯もカッ喰らっていた。ＫＡＩという男は何か旨いものに出会うと必ず「そこまで感動しなくても……」というくらい大騒ぎするのが面白かったりする。

会場へ出発は午後2時だったか3時だったか。とにかくもう一度メシを食わねばいかんな、というカンジにハラが減ったので昼過ぎにひとり街中へ。

暑い……というか、熱い。ここは亜熱帯。昨夜のあたりへ出向くと、屋台はどうやら夜からの営業のようだが、こぢんまりとした定食屋のような店が周囲にいくつかあった。どの店も入口が開け放たれており、冷房は効いていない。代わりに大きな扇風機がガンガン回っている。

ある店の前で、実にいい匂いがした。店を覗くと腕が一本ないオッチャンが椅子に座っている。一本だけの手でスマホをいじくっており目が合う。「食ってくか?」みたいな合図をしてきたので反射的に頷いてしまった。店に入るとオカミさんが出てきて当時オレが頭に付けていた青いエクステを指さし「これ、何だい?」と不思議そうな顔をしていた。

この店もベトナム料理屋のようだった。片腕のオッチャンにフォーを勧められたので注文する。彼は店の人ではなく、常連さんのようだった。しばらくするとオカミさんがフォーを運んできた。これがまあ……旨いこと! フォーってこんなにやさしい味だったっけ!? 旨味の海に棲む魚介類でダシを取ったスープに、生まれて以来、ずっと美食を続けてきたモチモチ雪うさぎが化けた細うどんのような味、とでも言おうか。すぐさまもう一杯注文し、結局3杯食ってしまった。

会場へは車ですぐ。何かの工場跡地のようなガランとした建物。しかし中に入るや別世界が広がっていた。アメリカのスタジオマッチのように豪華な設営がなされていたのだ。スクリーンもあれば入場ゲートもあり、照明もあらゆる角度に設置されている。バックステージにはテレビの中継用機材が完備されており、ネットＴＶだがマレーシア全土で視聴できる局が付いているとのこと。そして、何人かいるスタッフに交じりホーホー・ルンがアレコレと指示を出しているではないか。

「あれ！ホーホー、なんで裏方やってんの？」

「おお、ＴＡＪＩＲＩサーン！　何だかわかんないけど試合だけじゃなくエージェントもやってくれって頼まれちゃった、ホーホーホー！」

そうなのだ。神様がそうさせるのだ。人をサポートする星の元に生まれてきている彼だからして、必ずそういうことになるに決まっているのだ。

現地のレスラーがオレとＫＡＩに次から次へと挨拶に来てくれる。多民族国家だけあっていろんな人種がいる。中国系のマレーシア人もいればインド系のマレーシア人だっている。その中に白人もいた。彼は「アメリカから修行に来てます」とのことだった。プロレスの修行をするのであればマレーシアよりアメリカのほうが環境的に断然ベターなはずだが、世の中にはいろんな人がいて人の数だけ考え方もあるのだろう。

客入りは上々。かなり目一杯入り３００人ほどだろうか。自国のプロレスもこうして観に来る彼らだが、ＷＷＥのシャツを着た人が多いのでいちばん好きなのはＷＷＥと推察。

松田優作主演の角川映画『蘇る金狼』で主人公の朝倉くんが役員たちに呼び出され「会社のために殺ってくれるね？」と無理強いされたあの部屋のような照明だな、なんてことを考えながら試合している。

さて、この日はＫＡＩがホーホーとシングル。オレはメインでシャウカットとシングルだ。ショーが始まった。

初めて目にするマレーシアのプロレス。それは一言でいうと、かなりＷＷＥナイズされた日本のインディーのようなプロレスだった。そして、ショーが始まってしばらくしてあることに気が付く。

ときおり、不自然な長さの休憩時間が入るのだ。何だろう、この不思議な「間」は。現地のレスラーに尋ねると、

「イスラムのお祈りの時間だ」

その彼も床にひれ伏し、アラーの神に祈りを捧げ始めたのだ。長いことプロレスをやってきて世界各地で色々なものを目にしてきたつもりだったが、このとき受けた衝撃はこれまでにないものだった。

そして、どこからか祈りの大合唱のようなものが聞こえてくるのだ。どこから？　会場の外……野外からだった。会場を飛び出し外に出てみた。すると……。

上空に曇天の夜空が広がっている。ときおり月が一瞬だけ現れ、黒い雲の波間をうっすら照らすと、そこがまるで漆黒の墨汁を流した恐ろしいうねりのように見えてくる。そんな暗黒の天地創造のような光景のもと、大音量のコーランが流れていたのだ。

街全体にスピーカーが設置されており、地球全土へ届けと闇夜に響き渡るコーラン。呆然と立ちすくみ身震いしてしまった。宗教という人間の営みが、これほどまでに心を『おののかせる』ものだとは……。

そして、その光景を目撃した瞬間、今回のオレの旅はもう終わってしまったような気がした。その後、メインでシャウカットと戦ったし、ショーのあとにKAIとホーホーの三人で酒を飲みにいったし、翌日はクアラルンプールまでふたたび5時間ドライブしたというのに、あの光景が旅の全てをかっさらっていってしまったのだ。

そして、それからなのである。

「旅を書き記し、伝えたい」

そう考えるようになったのは。かつてアメリカに住んでいた頃は専門誌に旅日記を書くという形でそういう手段を有していた。そんな機会をふたたび持てないものだろうか？

果たして数週間後、プロレス格闘技DXに連載を書くチャンスに恵まれた。この本は、その連載に書いた旅日記に加筆・修正したものである。そう、マレーシアへの旅はオレに「旅を書き記し伝える」きっかけを与えてくれた、そんな運命の旅だったのだ。

香港の繁栄と動乱……中国化の渦に飲み込まれた民衆とプロレス

2019年1月7日

アジア・プロレス界のキーマンが香港にいた

これまでにもたびたび登場してきた香港生まれのプロレスラー、ホーホー・ルンはアジア・プロレス界の重要なキーマンである。豊富な人脈、人望、そしてレスラーとしても個性がありアジア各国から引っ張りだこ。試合だけではなくプロデューサーとしても行く先々で重宝され、どこの国のショーでも二足の草鞋業務で大わらわだ。

そんなホーホーとオレの出会いは2年半前にＷＷＥで開催されたクルーザー級トーナメント。その半年後にＷＷＥへ再入団したオレ

WWE時代、オーランドでお互い初めてのジャマイカ料理屋へいった際の写真。この写真を撮った直後ホーホーはジャガイモだと思って恐る恐る口にした固形物が「ロウソクの味がした」とのことで思わず「オウッ……ウエエッ！」と涙目でゲロを吐いた。

は、すでに先にWWEと契約していたホーホーと意気投合した。その後、どちらも退団してしまうのだが、国境を越えた付き合いは親密に続き、今回の香港遠征もホーホー直々のお声がけによるもの。詳しいことは聞かなかったが、香港には10年ほど前から独自の団体が存在しており、どうやらホーホーはその団体に深く関わっているようである。

そんなワケで、チケットが送られてきた。しかしそのチケットが朝6時半出発という、おそらく最安値なものを送ってきやがったなチキショーめ。仕方がないので終電で羽田へ向かい空港内で一夜を明かすという、そういえば20代の頃はこういうことをよくやったなあという場面から今回のお話は始まる。

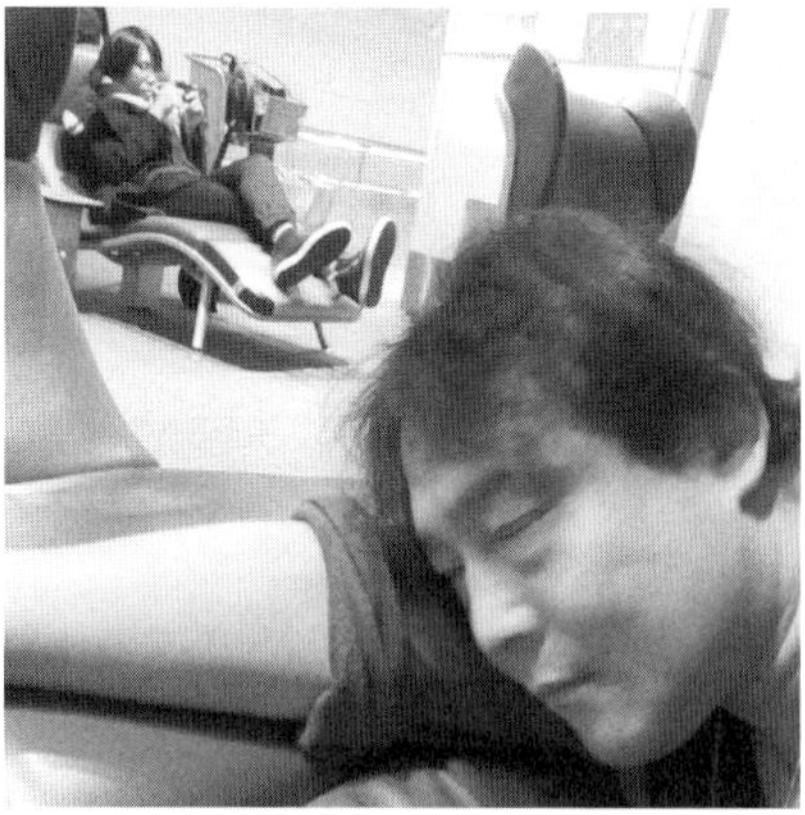

「出発前にはこのありさま。このとき手塚治虫先生からベレー帽をもらう夢を見ていたんだけど、その理由は頭の上にミクロイドSがいたからだったんだよなあ！」なんて、ツマらない冗談ばかり言うため老人会の寄り合いでも嫌われているジジーのようなことを書いてみる。

スズメのさえずりの幻聴が聞こえ、やっとこさ搭乗時間。機内後方ガラ空きだったので3席占領し、横になったら5時間弱飛んだはずだが一瞬にして香港到着。やっぱアジアは近いからいいね。入管を通りゲートを出ると……ホーホーが、わざとヘンな顔をして立っていた。

「TAJIRIさん、香港へようこそ！　ホーホーホー！」

「ホーホー、オレ、香港来たの初めてなんだよ」

「ホーホー……長いことプロレスやってるのにそれは珍しい。では早速、香港の旨い飲茶へいきましょう！　ホーホーホー！」

てなワケで、同時刻に到着済みなシンガポールとフィリピンのレスラーも同乗し、車で1時間ほど揺られ香港の都心部へ。途中の景色が山あり川ありで水墨画のようだなと思っ

本当はジャニーズ顔負けなアイドル顔なのに、こういう顔を平気で撮らせるホーホーは心もアイドル。

夜の空港。何かと理由をつけ隙あらばとにかく酒を飲もうという、冷静に考えてもただそれだけの人生をいまも送っている、中学生の頃はTVドラマ版『家族ゲーム』弟役の松田洋治に似ていると言われていたオッサン。

たら、都心部は高層ビルがニョキニョキそびえ立ち近代的だ。

「高層ビルが多いけど、香港は地震ないの？」

「数年に一度震度1が起きる程度で、ほとんどないんですよ、ホーホーホー！」

ホテル横のショッピングモール駐車場へ車を停め、モール内の飲茶の店へ。昼時なので混んでいる。中国人とは明らかに異なる人種があちこちに。香港は人種のるつぼか。

席に着くと、いの一番でお茶が出てきた。ホーホーがアレコレ何品か頼み、料理が運ばれてくる間に皆でお茶を飲む。こういうの、香港映画でよくあるよな。

ポルトガルから数千キロ離れた香港にいきなり姿を現すなど、人生における行動がいちいち本物の妖怪っぽいジジーだ。

「いまからサプライズゲストが参上しますよ、ホーホーホー！」

「誰だろ？」

「会えばわかりますよ、ハハハ！」

しばらくすると、見覚えのあるじいさん参上。第2章ポルトガル篇でレッドイーグルの恩師として登場しているデヴィットじいさんではないか。

「ワシは寒いのが苦手でのう。毎年冬がやってきて欧州が寒くなると、暖かい香港でこうして2カ月ほどを過ごすのじゃ……フッフッフ！」

フィリピンからの二人だが、人買い組織の中堅幹部に菓子パンで釣られ、その後、二度と帰ってくることはなかった母親思いな好青年最後の笑顔を写した一枚のようでもある。

さらにしばらくするとフィリピンのプロモーターという人物もやってきたのだが、この人どこかで見たことあるな？と思ったら、4年ほど前にオレがプロデュースしていたWNCがフィリピン大会を開催した際に会っているとのことだった。同席していた若いフィリピン人レスラーも「あの大会は会場で見ました。あれからフィリピンのプロレスは火が点いたんです！」と、これまでやってきたことが知らないところでこうして何かを産んでいたんだなと知ってちょっと感動。

100万ドルの夜景と100万回の吐き気をもよおす便所

ホテルと会場は直結。オレの部屋は4階で会場は2階。皆と別れ部屋に荷物を置き、香港探索開始だ。ちなみにホーホーは、

「もうじき中国からさくらえみさん（『我闘雲舞』代表）が到着するので、国境の街まで

迎えにいかなくてはなりません。申し訳ないけどＴＡＪＩＲＩさん、ひとりで行動してください、ホーホーホー！」

　とのことで、今回は他にも日本からドラゴンゲート勢にセンダイガールズ勢、さらにはアジア各国から多数のレスラーたちがやってくるらしく、プロデューサーも任されるホーホーはいつどこで会っても大わらわだ。

　香港には、オクトパスカードという日本で言えばスイカのように便利なモノがあるとのこと。駅の窓口で１５０香港ドルを支払い早速入手。これで電車もバスもコンビニでの支払いも楽ちんスイスイ。そのまま地下鉄に乗る。路線マップには英語表記もあるし、どこへいくにもたいがい地下鉄で到着できてしまうよう整備されているとホーホーが言っていた。

100万ドルの夜景だが、実際のところそんな大金は一生涯手にすることも見ることもなく死んでいくのかと思うとただ侘しい景色にしか見えなくったという噂も。

　目指すは「１００万ドルの夜景」ヴィクトリア・ピーク。オレは普段どこへいっても観光地巡りなんて洒落たことはあまりしないのだが、ここからの夜景だけは必ず見ておこうと事前に決めていた。地下鉄に30分ほど乗り、夜景の見える丘の頂上までいくバス乗り場へ到着すると長蛇の列。順番待ちしていれば、陽が暮れる時刻にちょうどいいであろう。

ところが……この列がハンパなかった。曲がりくねった先が塀の向こうに隠れており、そこが乗り場かと思ったらその先の先まで延々と続いていたのだ。これは時間がもったいない。こういうときは奮発してヘーイ、タクシー！

丘の上までは30分ほど。ちょうどいい感じに陽も暮れてきており、頂上へ近づくにしたがいタクシーの窓から眼下に広がる夜景がキラキラとクッキリ輝いてくる。頂上へ着くとすっかり陽も暮れていた。そして夜景は、確かに100万ドルと称されかねないものだったのだが……。

この便所を見た瞬間、来世の小３の夏休みにはカンブリア紀の三葉虫について調べてみたいと思った。

ここの便所が清潔にはしてあるのだが、その見た目が100万回の吐き気をもよおすと称されかねないものだったのは衝撃だった。

下山し、さあ、お楽しみの酒を飲もうか。初日の夜ということで、ここはやっぱり中華料理に紹興酒でキメたいところ。北京ダックが店頭に吊るされている店があったので喜び勇んで入るも「酒はありませんよ、ニーハオ」。

何軒か訪ねるも、酒がどこにも置いていない。見ると確かに誰もがお茶を飲みながらメシを食っている。そうか、お茶の国なんだな、ここは。それでも必死に探し回り、やっと一軒だけ酒のある中華料理屋を発見。紹興酒もあったが、ビールはなぜかフィリピンのサン・ミゲールだった。店内を見渡すと、どこのテーブルも酒はほとんど飲んでおらず、お茶を飲んでは酔っ払ったようなハイテンションで中国語の会話を交わしている。なぜシラフでそのような芸当が可能なのかはわからないが、こういう人たちには酒って必要ないんだろうな、と思ってしまった。

紹興酒を一本空け、ホテルへ戻ると気絶するように寝てしまい長い一日を終えた。

2019年1月8日　手鼻をかんだ手で料理を運ぶオヤジの店

昼前に起きる。ホテルの隣にジムがあったので、まずはワークアウト。どこの国へいっても、まずは必ずジムへいく。いつ何が起きるかわからないので、やるべきことは最初にやってしまう。これはWWE時代に身に付いた海外でのオレの習慣である。

ジムを終え、さあ昼メシを食うか。昨日は昼と夜の2回中華料理を食っているので、何だかそれはもういいかな、という気分。ホテルの裏にベトナム料理屋があった。いいぞ！

ベトナム料理、その中でも特にフォーは世界中どこへいっても味のレベルがたいがい平均点以上で、さらに飽きない。この店も案の定旨かった。

ところで香港、日本と比べ物価はほとんど変わらないというか。アジアの国としては正直「何でも高いな」という印象である。ここのフォーも一杯700円ほど。マレーシアだと100円するかしないかなので、まあ貨幣価値がそのまま世界における経済力と解釈してもいいのだろうか。

観光地として有名な女人街へいってみるも、まあ普通に露天商がズラリと並んでいるなあというカンジでさしたる感動はなかった。その足で今度は男人街へ。ここはオッサンが飲む小汚い店がたくさんあるということで期待していたら、まさしく小汚いのだが旨そうな店を発見。何品か注文しビールなんぞ飲んでいると、料理を運ぶオッサンが右手で「チーン!」と手鼻をかんでいるのをモロに見てしまった。幸い、オレのテーブルへ運んできたときは左手で持ってきたのだが、隣のテーブルへはしっかりと右手で持った料理を「はいどーぞ!」当店は衛生面に細心の注意を払っているので信頼して

フォーなのだが、このときなぜか『スクールウォーズ』のイソップが大木くんと二人で白玉ぜんざいを食っている光景が頭に浮かんできていた。

お召し上がりください！」と満面の笑みで運んでいたのをオレは見逃さなかった。

ホテルの近くへ戻ると、なんとサイゼリヤがあったので安いワインを何杯か飲む。値段は日本と同じでかなり安くすみましたよ。

2019年1月9日　国際自由港香港プロレス不夜城

またもや昼に起きてジムへ。その後、やはりまたもや昨日の店でフォー。今夜は試合だ。

ホーホーが「4時に会場へ来てください、ホーホーホー！」というので2階へ降りていくも、開始時間の7時までやることは特にない雰囲気。

「開始前に戻ってくればいいでしょ？」

「構いませんけど寝過ごさないでくださいよ、ホーホーホー！」

てなワケで部屋へ戻ると、当連載が明日締め切りなことに気が付き、慌てて仕上げる。その後ネットで色々チラ見して

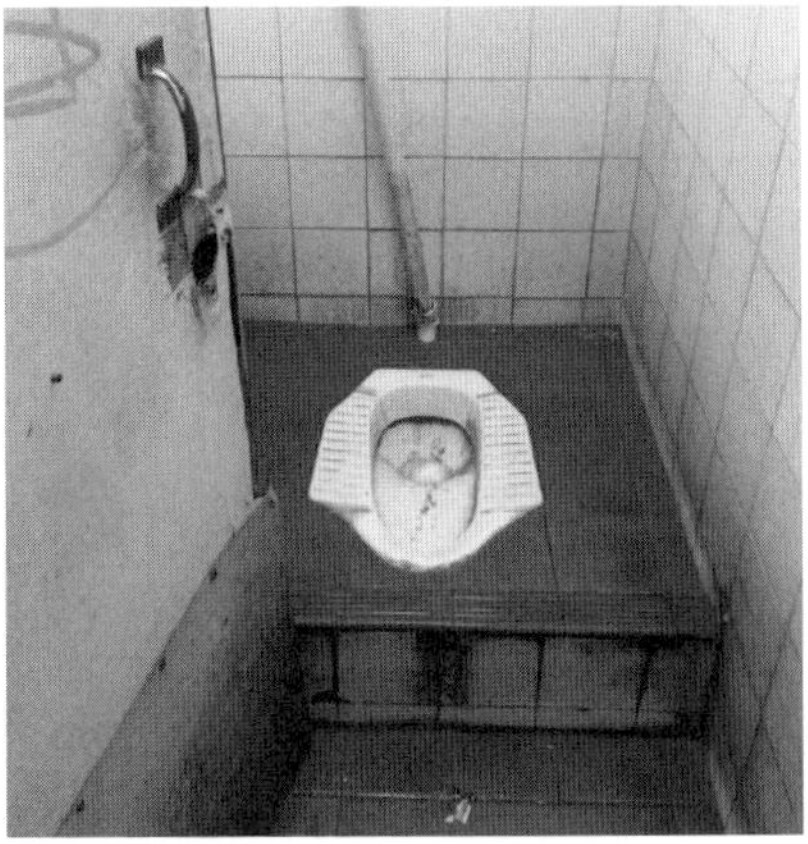

手鼻をかむオヤジの店の宇宙一汚い便所。一度だけここでヨーグルトを食うか、魂の永遠の消滅を選ぶか、と迫られたら迷うことなく後者を選ぶ。

いると、アメリカに興った新興勢力ＡＥＷが公開会見をおこなったようで世界中で大きな話題となっていた。

ＷＣＷが崩壊しここ十数年、世界のプロレス界はＷＷＥの一国独裁が続いてきた。しかしこのＡＥＷ出現により今年は世界が大きく様変わりすることであろう。ＷＷＥ以外にも、プロレスで大金を稼げるオプションが存在する新たな現実が、世界中のレスラーへ与える意識変革の大きさは計り知れない……なんてことをぼんやり考えているうち、ちょうどいい時間だ。

SNSで練習風景写真をアップするレスラーをアホかと思っているくせに、自分もしっかり同じことをしているアホオヤジ。

すでに選手は全員やってきており、ドラゲー、仙女、さくら軍団以外にも、アジア各国から様々な人種のレスラーたちがズラリと集っており、そういえば去年の1月にマレーシアで試合したさいもこのような状況だったし、先月のカナダでもいろんな国のレスラーがわんさかいたし、そう考えると、いまや世界のプロレスに国境って本当になくなりつつあるんだなあ、なんて、ほんの数年前とは大きく大きく着実に変化しつつある世界のプロレス界の現実を目の当たりにした思いだった。

会場は300人も入れば満員なステージ状の構造。超満員になった。どのファンも各選手の見せ場をしっかりと心得ており、それぞれの選手がお得意のムーブを披露するたび「待ってました！」とばかりに盛り上がっている。つまり、彼らはマニアなのだ。ネットで試合動画を見て、よく知っているのだ。こうして、ファンの側にもいまや国境がなくなりつつある。世界中どこに住んでいようと、あらゆる国のプロレスを見ることができる、そんな時代なのだ。

さくらえみ。業界に半歩ほど足を踏み入れた高校3年生のとき（オレとはその頃からの腐れ縁）から、しぼんでもしぼんでも必ずまたふくらんでくるプロレス界の不死身なフーセンおばちゃん。

オレはメインでホーホーと組み、ドラゲーの吉野正人選手&ジェイソン・リーと対戦。このマッチメイク自体、元WWE vs ドラゲー、あるいはTAJIRI vs 吉野選手という触れ込みで宣伝されており、開催国とは無関係な外国人同士による対戦が商売タネになってしまう、ほんの少し前までは考えられなかった状況がここにもある。

試合は毒霧からのバズソーキックで

辛うじてジェイソンから勝利を収めたものの、この日の第一試合に出場していた吉岡勇紀選手をはじめ吉野選手のスピードといい、ドラゲー選手のレベルの高さが特に際立って目に付いた大会初日であった。

試合後、酒を買ってきてホテル廊下のテーブルで、さくらえみや現地のレスラー数名と遅くまで雑談。さくらは中国から香港へやってきたとのことなので「中国のプロレスは盛んなの？」と質問したら、詳しいことは忘れてしまったが、ネット配信でゆくゆくは数億人が視聴できる状況がすでにあるのでナントカカントカ。とにかく、日本にいては感じることのできない世界のプロレス界の状況の様変わりを実感しまくった一日だった。

2019年1月10日 香港行きはプロレスの神様によって仕組まれた旅

大会2日目、最終日。この日はジムへはいかず、ホテルのコインランドリーで洗濯している間に昨日までとは別のフォーの店へ。辛さが5段階に分かれており、2辛を頼んだらこれがまあ「ブゥウゥウゥーン……」と、鉛でできた舌を振動させ続けるような辛さというか、これまで経験したことのない辛さだった。

割と早い時間に会場へ降りていくと、吉野選手を中心としたドラゲー勢がアジア各国の若い子たちにプロレス教室を開いていた。巧い子もいれば、まだまだ全然基本がなっていない子もいる。聞けば、道場もなく、試合も年に2度しかない国の子もいるらしい。当然、教えてくれる人もいないだろうから、ネットで見た試合を見よう見まねでなぞりプロレスを覚えていくのであろう。そうすると、基本の欠けた危なっかしいプロレスができあがってしまう。どんどん国境がなくなる一方、そのような子たちが増えているのも世界の現実である。

いつか、できないだろうか。シンガポールあたりに。そんなアジアのプロレス志願者たちが一堂に会し、基本から徹底的に学べるような仕組みが。あるいはWWEパフォーマンスセンターがアジアにできないものだろうか。いまのこの猛烈に展開が早い世界のプロレス事情からすると、すでにそういうことを考えている者が存在してもおかしくはないのかもしれないが。

この日はいきなりの第一試合でホーホーと組み、現地のデブちん&チビっこい選手と対戦。またもや毒霧からのスクールボーイで勝利し、無事に怪我なく香港でのお仕事終了。すぐさま部屋へ戻りシャワーを浴び、すかさずビールを飲んだらそのまま飲み続けたくなってしまったが、ギャラをまだ受け取っていなかったので一応会場へ戻る。

ショーが終わり、ホーホーからギャラを受け取っていると、フィリピンのレスラーが声をかけてきた。

「TAJIRIさん、いつか機会があったらフィリピンにプロレスを教えにきてください！」

このとき、フと思ったのだ。オレはこれまでのプロレス人生で、割といい思いをしてこられた。そんなプロレスから受けた恩恵を、今度は次の世代にも経験させていくための手助けというか。もしかすると今回の旅は、プロレスに国境がなくなりつつも指導者がおらず困っている世界の若者たちの手助けをするよう、まずは第一段階としてそんな意識だけでも持つよう様々な現実を目にさせるため、プロレスの神様によって仕組まれた旅だったのではあるまいか？と。

次回、ホーホーが香港でショーを開催するのは7月。

「また呼ぶのできてくださいね、ホーホーホーホー！」

とのことだったが、その頃には今現在の状況からまたさらにガラリと変貌を遂げている可能性のありそうな世界のプロレス界。２０１９年、オレの乗るプロレス深夜特急は激動の渦のまっ只中を旅していくことになるのだろうか。是非ともそう望むところである。

２０１９年８月１日

香港再訪、そして動乱の時代へ……
プロレスはどうなったか？

初めての香港から約半年後。オレは３日間の旅程で再び香港へ飛んだ。前回と同じく、ホーホーがブッキングしてくれたのだ。「たまには」と、うちの奥さんも連れていった。香港は相変わらずにぎやかで楽しい国だった。平安泰平な香港。それはそのとおりなのだが、街全体がどこかピリピリしているというか、うっすらとした緊張感が漲っているというか。前回とは何かが違う……。その原因は、街全体のあらゆる場所にビッチリと貼られた貼り紙のせいだな、とわかった。

中国語で書かれているため内容はわからないのだが、何かしらの政治的訴えであろうことは、書かれている文字やイラストの雰囲気から容易にわかった。到着初日にそれに気が付いたオレはホーホーに尋ねた。

「街中に貼られているあの紙は何？」

「来週、大きなデモが起こるそうだよ、ホーホーホー」

「え！　何で？」

「どんどん中国化していく香港政府に抗議するためだよ、ホーホーホー」

しかしオレにはこの時点で、多少規模の大きな反政府集会が起こる程度なんだろうな、としか思えなかった。日本はもちろん、どこ

ご先祖さまは決してフクロウじゃないよホーホーホー。

の国でもたまぁにある、ああいうやつ。実際、ここしばらく香港でそういった集会が頻発していることを、そういえば日本でも耳にしていた。なので、翌週に起こるというデモもその延長程度……それくらいにしか思えなかった。

それは、ほとんどの日本人が「軍隊が出動するほどのデモが日本に起こるはずがない」と、そんなことは考えたことすらないのと同じように。それほどまでに、香港は平和な先進国である。それでもホーホーは、

「ボクはいま、マカオのプロレスも手伝っていて向こうに住んでるからいいけれど、故郷の香港がメチャクチャになって帰れなくなったらいやだよう、ホーホーホー」

と不安気だ。そんな大袈裟な……という気がした。そしてオレは3日間で2試合を終え、何ごともなく日本へと戻ってきた。その数日後……。

テレビの中で、つい先日まで自分たちもいた香港がとんでもないことになっていた。何十万人という民衆と警察や軍隊が市街戦を繰り広げ、さらに数日後には空港も閉鎖。民主運動家の周庭さんが逮捕されたりと、これはもうプロレスで香港へいくことなんて二度とないかもなあ……ホーホーはどうするのかなあ……そんなことを考えながらテレビの画面をジッと眺め続けた。

それからしばらくの後。マカオにいるホーホーから連絡が来た。

「シンガポールの団体がＴＡＪＩＲＩサーンに来てほしいんだって、ホーホーホー」

「了解！　いくよ。で、ホーホーはこれからどうするの？」

「年末にドラゴンゲートへいけることになったよ！　日本で飲もうね、ホーホーホー！」

「それは素晴らしい！」

　ドラゴンゲートにやってきたホーホーはマカオにも香港にも帰ることなく、そのままずっと日本に居続けた。お互い忙しく、日本で飲むという約束は果たされないまま月日は流れた。

　そして、２０２０年12月21日。やっと、ホーホーに会うことができた。ビザが切れるためと、色々な手続き上どうしても一度香港へ帰らなくてはいけない、と。その香港へ帰る前日。ホーホーは日本最後の夜に、オレとの約束を果たしてくれたのだった。

　落ち合う場所は、泉岳寺の飲み屋だった。明朝、成田から香港へ帰るホーホーが選んだホテルが泉岳寺だったからだ。二人で焼酎のボトルを空にした。ホーホーが香港の地を踏むのはオレが遠征した1年前の夏以来とのことで、大規模デモ以降、ホーホーはマカオにいたりフィリピンやベトナムやタイにいったり日本にいたりと、一度も香港に帰らないままとのことだった。

「ボクは香港の中国返還前に生まれているので、イギリス国籍もあるんだよ、ホーホーホー」

「じゃ、香港じゃなくイギリスにいけばいいじゃない」

「イギリスはコロナでロックダウン中だから入国できないんだよ、ホーホーホー！」

一年間という時の流れの中で、世界にはコロナという新たな問題も巻き起こっていたのだ。

ホーホーはしきりに、

「ホーホーホー、帰りたくないなあ……」

1年ぶりの祖国に帰りたくない。そんな可哀想な状況がこの世にあろうとは……。

2021年4月某日　香港民主化デモ後のホーホーを電話直撃！

それから4カ月。この本を出版するにあたり、香港のその後を知り、書き記しておく必要があるような気がしてきた。ホーホーは2021年3月に香港から再びドラゴンゲートへやってきている。以下はホーホーとの電話による会話である。

――大規模デモ以降、日本では『香港から自由が失われた』というニュアンスの報道がなされていたけど、1年ぶりに戻った香港はどうだった？

「まだまだ香港は全然自由な国だと感じているよ。民衆の考え方をコントロールするためのニュースが世界にはたくさん流れているよね。それらは世界の多くの人々を惑わせているみたいだけど、日常生活の中での香港は全然変わらず大丈夫だと感じているよ、ホーホーホー」

――コロナ下における香港という意味で、今現在はどういう状況なんだろう？

「今現在、外国人観光客は香港へ入国できないんだ。国籍所有者や必要不可欠な事情のある者が入国する場合は3週間の検疫が必要だよ。1年ぶりにボクが帰国した際もそれは同様だった。そしてHKWFのプロレスのショーは、当然おこなえていないんだ。検疫が必要なくなればショーはおこなえるといわれているけど、まだまだこの先1、2年以上は必要かもしれないね、ホーホーホー」

――さらに中国化していくことにより、プロレス自体は香港から無くなってしまうのかな？　中国政府はプロレスの存在を容認しそうかな？

「その確証はどこにもないね。昨年、ボクはスポーツと文化のための『コロナウイルス補助金』を申請しようとしたけど、政府はそれを拒否したんだ。未来のことは誰にもわからないよ、ホーホーホー」

――なぜ香港ではスポーツ事業にお金を使うことに積極的でないんだろう？

「香港では伝統的にスポーツビジネスをサポートするという姿勢が政府にないんだ。サッカー、バスケットボールなど、スポーツというジャンルはどれもそれほど稼げていないよ。香港のトップサッカー選手ですら、おそらく月額3000USドル程度の収入なんじゃないかな。香港は文化的にスポーツを推奨しないんだ。高校でも毎週1時間程度しか体育の授業がおこなわれないし、ホーホーホー」

――香港のレスラーたちは今現在どうしているの？

「ビットマン（香港で期待される若手レスラー）を覚えているかい？　彼はパーソナルトレーナーになったよ。マンブローズ（香港の双子のタッグチーム）はホテルで清掃員の仕事をしているよ、ホーホーホー」

――今後は再び香港へ戻るの？　あるいはコロナが終息したらイギリスを選ぶの？

「心情的にはどちらでも構わないよ。香港はボクの故郷だけど、レスリングビジネスにとって良い市場じゃないからね。なので年に一度か二度も帰国できれば満足かなあ。イギリスはプロレス興行の機会も多くて、プロレスビジネスで生きていくには香港よりも適しているよね、ホーホーホー」

――今後の香港は中国政府の圧力により住みにくくなっていくのかなあ？

「いや、香港は現在も経済的に全然良好なので、そうは思わないよ。株式市場にはたくさんのお金の流れがあるし、正規のサラリーマンが生計を立てることは全然普通にできているし。だけどボクにとっては今後もずっと厳しい状況が続くだろうね。香港のスポーツビジネスにはとにかくお金がないからさ、ホーホーホー」

――2年前の大規模デモは、ホーホーや民衆の心にどのような影響を及ぼしたのかな？

「デモ以前、人々は政治に興味がなかったと思うよ。彼らはお金を稼ぎ、自身の生活の質を高めたいということ以外に興味がなかったと思う。だけどデモの後、人々は2つのグループに分かれたと思うんだ。中国を愛する者たちと、憎む者たち。だけどそれと同時に、人々には色々な意味でこだわりがないことも感じているよ。政府の見解が彼らの利害と一致するなら、どちらの立場でも彼らは政治に従うんじゃあないかなあ、ホーホーホー」

生き残るために、それぞれの深夜特急で旅に出よ！

――香港の人々は何を求めているのだろうか？　彼らの望んでいることが中国政府支配のもと達成されるとしても、それはそれで構わないことなのかな？

「香港の多くの人々は自分が何を望んでいるのかわかっていないと思うよ。いま、多くの人がカナダやオーストラリアへの移民を希望するという傾向があるんだけど、そんな彼らの香港での給与は非常に高額なんだ。だけど彼らは低ランクの仕事から人生をリスタートさせるために他の国へ移り住みたくはないという、大きな矛盾も抱えているよ。だけど大規模デモ以降、一般居住者の日常生活はそれほど変わってはいないのも事実なんだ。株式市場は高値を維持しているし、人々はまだ仕事を持っているしね。だから、大規模デモはライフスタイルにはそれほど影響を与えなかったと思う。だけど……ボクは1年以上も香港を離れていたから、この考え方や捉え方はもしかしたら間違っているのかもしれないけど、ホーホーホー」

——香港の人々の意識は政治よりも経済優先なのかな?

「香港の住宅価格は世界一なんだ。例えば香港市内なら2BEDルームマンションですら1億円から2億円はするよ。市内の一戸建てならどんな家でも最低1億5000万円はするし、郊外の家でもサイズによりけりだけど、最低8000万円から、3階建ての家だったら5億円はするのもザラだからね。家の値段は毎年上昇していくので、家を所有していれば大金を稼げるんだ。そして彼らには大きな賃貸収入があるから働く必要がない。なので香港の人にとって家を買うことが最大の夢だよ。

そして、そんな住宅事情が富裕層と貧困層の対立の溝を深める元凶にもなっているんだ。貧困層の彼らは、いつの時代でも政府を憎み続けている。そんな彼らこそが、実は政治に対して最も積極的でもあるんだ。そして、すでに家を持っている人たちは今以上にお金を欲しているという。それが香港の実情だね、ホーホーホー」

——周庭さんが逮捕された時はショックだった?

「いや、それは中国のいつもの政治スタイルだから。だけど彼女の側近たちはショックだったろうね。彼らは彼女のグループにたくさんのお金を寄付していたはずだから、ホーホーホー」

――大規模デモ以前の自由度が100％だとしたら、いまは何％かな？

「繰り返すけど、日常のライフスタイルはほぼ100％変わらないと感じているんだ。旧香港体制派の政治家やメディアにとっては50％ほどに降下した感じかもしれないけど。それよりもコロナの影響のほうが大きいよ。いまは全ての建物にQRコードスキャンが必要だし。それらの効果なんかで感染者は毎日10人ほどしか出ていないよ。実際のところ、いまの香港にとってはコロナ制御のほうが政治よりもはるかに大きな問題だと思うね。今現在の政府のコロナ政策は上々だから、そういった意味では人々は政府に賛同しているんじゃないかな？　ホーホーホー」

――そんな香港に、ホーホーがプロレスを根付かせようとした理由は何なんだろう？

「なぜなら、香港はボクの唯一の故郷だからだよ。お金のためではなかったんだ。だけど、もうその輪に参加する者も数が少なくなってきちゃった。まれに新参者が現れても経済的理由からすぐにやめていってしまうし。2009年のHKWF立ち上げ以来、メンバーはずっと変わっていないんだ、ホーホーホー」

――二重国籍のホーホーにはイギリスという選択肢もあるけれど、それでもこれまで香港を選んできたのは愛国心がその理由なのかな？

「いまボクは目標を変えたんだ。東南アジア全域のプロレスをプロデュースすることだ。例えば、フィリピン、タイ、ベトナムにはプロレスがあるけど、彼らはどのようにして夢を叶えたらよいのか、その方法を知らない。ボクは2007年にまだ形すらなかったHKWFの前身からプロレスをスタートしたので、環境に恵まれていなかったという点では東南アジアの彼らと同じ境遇だった。そして相談相手もいない中、試行錯誤を繰り返した末にWWEとも契約できたし、日本のドラゴンゲートでレギュラーとなる夢も叶えることができた。なので今後は、そんなボクが東南アジア全域の彼らの夢の実現に役立てればいいなって。そんなふうに願っているんだ、ホーホーホー！」

時が流れ、短期間のうちに様々な出来事が巻き起こり、いま世界は有史以来空前の大転換期に差し掛かろうとしている。そんな中、ホーホーはその潮流に対応した意識変革をおこない、しっかりと生き続けていた。

「いままでどおりでは生き残っていけない」

そんな時代の足音が聞こえてくる。地球上の誰しもが、それぞれの新たなる深夜特急の旅に出発せざるを得なくなる……出発時刻は、もうすぐそこまで迫ってきているのかもしれない。

旅のあと④

プロレス後進国からのオファーに応えるのもオレの旅だ

ここに記した香港、フィリピン、マレーシア、シンガポール以外にも、いまやアジア全域に独自のプロレス団体が数多く存在している。日本とほぼ変わらぬプロレス的歴史を持つ韓国はもちろん、タイ、ベトナム、インド、台湾……などなど。地理的にアジアかどうか微妙なところではトルコにも。

そして何と、パキスタンにもプロレスが存在している。あれは3年ほど前だったか。一度、オファーをいただいたのだ。

連絡してきたブッカーの名前は忘れてしまったが、添付されていた団体HPリンクを開いてみると、そのブッカー自身がエースでありオーナーでもあるようだった。

そして、TOP写真に震え上がった。ターバンを巻いたその男がナイフを手にし、ヒールレスラー程度なら確実に泣いて逃げ出すであろう大量残虐殺人鬼そのものの眼で、そこを刺せば一発で確実に絶命させうる人体構造的急所を冷酷無比に刺し貫いてきそうな、そう思わせようという狙いで撮ったとしか思えないような写真がデカデカと載っていたのだ。オレの記憶が定かであるならば、彼の背後は瓦礫のような壁に血がブシャッ！　と飛び散ったデザインになっていたはずである。

これはヤバい。しかし、どんなものか見てみたくもある。よし、こういうときは誰かに下見をしてきてもらおう。二番手になってしまうのは残念だが、命には替えられない。

オレは「その日はいけないので、代わりに日本の優秀なヒールレスラーを紹介します」と返事を送り、知り合いの某レスラーに連絡をした。もしもの場合のために、彼に命をかけた身代わり先鋒隊長となっていただくのだ。

いまとなっては申しわけないムチャ振りをしたと思うのであえて名前は伏せるが、ＫＡＺＭＡ ＳＡＫＡＭＯＴＯというレスラーである。

「パキスタンから素晴らしいオファーが来たんだけど、忙しいから代わりにいく？　きっと二度と日本に帰ってこれな……いや、帰ってきたくなくなるような最高の旅になること請け合いだよ！」

「いきたいです！　連絡先教えてください！」

その後、彼らは連絡を取り合ったそうなのだが、どういう事情があったのか、結局御破算になったようである。

今回このエピソードを書くにあたり、あれは一体どんな団体だったのか……確認しておきたくなったので「Pakistan pro wrestling」と検索してみたところ……「Ring of Pakistan」という団体のＴｗｉｔｔｅｒが見つかった。

あれ？ こんな名前の団体だったっけ？ オレのイメージするパキスタンとは程遠く、以前目にしたあの団体のＨＰとは絶対に無関係としか思えないほど洗練されたショーの映像も埋め込まれている。この団体じゃなくてパキスタンに存在する小さなインディーか何かだったのかな？ 神秘のアジアは謎に満ちている。


そういえば、これはアジアから地理的に少々ハズレてしまう東欧のお話なのだが、ウクライナからしばらく、熱烈なオファーをいただいていた時期もある。すでに10年近く前のことだったか。どこで入手したのか、彼らはオレのアドレスにメールを送ってきた。

《我々はプロレスが大好きです。いつかコーチに来てください。我々の練習風

景も添付しておきますので御意見ください》

添付映像には、いかにもオレのイメージするウクライナな光景が繰り広げられていた。体温が氷ほどしかなさそうな無表情の若者たちが、灰色で寒そうな空の下をプロレスというよりもMMAの練習よろしく、延々とダッシュをしたり馬跳びをしたりしている。実に御意見しにくい映像だったため返答に困っているうち、彼らからの連絡はパッタリと途絶えてしまった。その後どうしているのだろう？　ウクライナのプロレスは。

と、このようにヘンチクリンな連絡は、プロレス先進諸国からではなく、アジアをはじめとしたプロレス後進諸国からのものが圧倒的に多いというお話なのであった。

特別師弟
対談

VS. 朱里
（スターダム）

プロレスラーを磨く、タフな旅に出よ！

『プロレス深夜特急』の旅は、TAJIRI、朱里——
誰もが知る師弟コンビの対談で締めくくろう。
ハッスルに始まりSMASH、WNC、REINAで共闘、
現在はTAJIRIが全日本プロレス、
朱里はスターダムを主戦場にそれぞれの道をゆく。
二人のプロレスラー人生の交わりと、
そこから始まった師弟の軌跡とは——。

SYURI

実はハッスルのプロレスが一番ちゃんとしていた

TAJIRI　朱里ちゃんと最初に会ったのは、ハッスルのときだもんね。

朱里　そう、ハッスルのオーディションでした。自分はもともと女優になりたくて、いろんなオーディションを受けていて、ちょうどそのときに知り合いから「ハッスルのタレント枠の募集がある」って聞いて応募したんです。それまではプロレスとか、全然見たことがなくて、すごく申し訳ないんですが、興味もなかったんです……。

TAJIRI　だけど空手の経験者ではあった。

朱里　はい。ただ、伝統派で型を見せるほうしかやってなくて、闘うほう、組手とかはやったことがなかったんです。

TAJIRI　でも、オーディションで見せた空手の型は、インパクトあったよ。他の子たちはみんな、「私、かわいいでしょ」アピールばかりだったけど。キャバクラの女の子選んでるんじゃないのになあって（笑）。あの中で朱里ちゃんのことを推していたのは確かオレだけだったんだよ。プロレスファンが絶対に好きになりそうな雰囲気を感じたの。絶対モノになります、オレが責任持ちますからと言って、推しまくったの。

朱里　そうなんですよね。有難うございます！　あのとき採用になった皆さん、どんどんいなくなっちゃって、結局、残ったのは自分だけでした。

TAJIRI

朱里（シュリ）

1989年2月8日生まれ。日本人の父親とフィリピン人の母親の元に生まれたダブル。2008年10月26日、ハッスルでKG（カラテガール）のリングネームでプロレスデビュー。ハッスルの活動休止後、SMASHの旗揚げに参加し、朱里と改名。華名（現ASUKA＝WWE）とはライバル関係を築いた。その後、WNC、REINAでエースとして活躍。同時にキックボクシングやMMAでもトップファイターとして数々のベルトを奪取。パンクラス参戦を経て総合格闘技の世界最高峰UFCに活動の舞台を移し、2年間にわたり活動。日本人女子選手としてUFC初勝利を記録する。2019年から再びプロレス復帰。2020年1月19日のスターダム後楽園大会からジュリア率いるドンナ・デル・モンドのメンバーとして登場。同年11月1日付けでスターダム所属となる。164センチ、58キロ。得意技は朱雀、青龍、玄武、白虎、バズソーキック。第21代ゴッデス・オブ・スターダム、第7代SWA世界王座、第23代アーティスト・オブ・スターダム、第16代CMLL世界女子王座などタイトル歴多数。

TAJIRI　ハードだったのかな？

朱里　かもしれないですけど、あのときの自分は女優になるためにどうやったら輝くことができるのか、そればかり考えて悩みすぎていたくらいだったので、ここで頑張るしかないって思いのほうが強かったんで、乗り越えられたんだと思います。

TAJIRI　オーディションのときの朱里ちゃんはショートの黒髪でさ。動くたびに黒髪がバサッバサッと揺れて、汗が舞い散るの。その姿がかっこよくって。オーディションに来た中で、唯一「かっこよかった」の。これはリング映えしそうだなって。当時のハッスルでは、安生（洋二）さんとオレが日替わりで教えていたじゃん。安生さんは格闘技系プロレス、オレは純粋にプロレス系プロレス。朱里ちゃんはどん

なに負荷をかけてやらせても、決してキツそうにやっていなかった。楽しそうにやってたよね。

朱里　楽しかったんですよ。KG（カラテガール。レイザーラモン・HG、RGの妹分という設定）のリングネームで上がったりしましたし。わかんないこともいろいろ教えてもらって、わくわく感がありましたから続いたんだと思う。

TAJIRI　ハッスルってかなり特殊な団体だったし、色々と言われやすかったよね。オレがハッスルに参加するようになったのは、アメリカから日本に帰ってきたときだった。そのときはプレイヤーとしてよりも、つくり手としてプロレスと関わりたかったの。新日本と全日本からも所属のオファーをいただいたけど、どこもプレイヤーとしてだったの。つくり手としてもやってほしいというオファーをくれたのは、ハッスルだけだったんだよ。オファーを受けるにあたって、実際に後楽園ホールですべての団体を見たんだけど、一番プロレスがちゃんとしていたのがハッスルだった。必殺技が決まればそれ一発で終わるし、そこへの道筋を見せる、ちゃんとしたプロレス。ハッスルって色々言われていたけど、ちゃんとしたプロレスのレベルは実は当時の日本で一番高かったと思うよ。やっぱり、仕切っていた安生さんがすごくプロレスをわかっている人だったからね。

朱里　だからこそよかったんだと思います。自分は女優になりたかったので、芸能のかたも大勢参加されていたことは、目の前で見られるから、すごく刺激になりましたし。自分がデ

TAJIRI

ビューしたのはハッスルの最後のほうで、いい時期を知らないんですが、自分が輝ける、あれほど大きな場所でデビューできて、ＴＡＪＩＲＩさんに教わった経験があるから、今の自分がいるんです。ハッスルがなければプロレスラー朱里はいなかった。他の女子レスラーとは違う雰囲気やオーラが出せているのも、そのおかげですよ。

TAJIRI　入場のフリからやったもんね。ＷＮＣ-ＲＥＩＮＡのときに髙田総統の入場曲「トレーニングモンタージュ」で入ってきたときも。初めてあの曲で入場したのはフィリピン興行だったんだけど、当初思ってたよりも朱里ちゃんがスタスタと入ってきちゃったんで、急いで横に行ってカメラに写っちゃってるのに、「もっとゆっくり！」って隣で叫びながら入場したこともあったなあ。

給料未払い、いつも空腹、でも精神力は強く

TAJIRI　ハッスルに入ったばっかの朱里ちゃんって、やたら大メシ食ってた感じだったけど、ご飯はいまも一杯食うの？　昼とか定食なら二人前が普通だったよね。

朱里　格闘技やってるころが一番すごかったですね。今もたぶん、フツーのプロレスラーにしてはというか、スターダムの中では一番食べると思いますよ。

TAJIRI　いまも唐辛子ぶわーっとかけてるの？

SYURI

朱里　よく覚えてますね～（笑）。いやぁ、もうかけてないですよ～。

TAJIRI　ハッスルのころ、朱里ちゃんとよく道場近くの「小諸そば」に行ったんだけど、もう、ソバの上が唐辛子で真っ赤。これ、なんか心が病んでんじゃないかなって思うくらい。

朱里　うーん。でも、ネジ一本はずれていたのかもしれませんね。じゃないと説明つかないくらい真っ赤にしてましたよね（笑）。

TAJIRI　まあ、ハッスル晩年のあの環境じゃあ、やってられなかったもんね。お金も出てなかったし。オレは最後の半年くらい、1円ももらえなかった。未払い額はたぶん800万円くらい。

朱里　自分はデビューして給料10万円がもらえるはずだったんですが、最初の2カ月だけもらえて、あとはずっと未払いでした。移動の交通費は全部自腹でしたし。帰れなくなって、一度、ハッスルの道場に泊まったこともありました。たしか冬だったかな。倉庫みたいな感じで、とにかく寒くて。どこから聞こえてくるのかわからない、ヒュ～、ヒュ～っておかしな音がするのが怖くて。なんで泊まっちゃったんだろう？　とにかくお金なかったですね。

TAJIRI　貧乏そうだったもんな。そういえば、朱里ちゃんって当時、黒と赤のチェックの木こりみたいな服をいつも着てたよね（笑）。

朱里　本当にお金なかったんですから、しょうがないですよ。

TAJIRI

TAJIRI　一度、朱里ちゃんを新橋のガード下の焼肉に連れてったの覚えてる？　あのとき、酒も飲まないのに1万円くらい肉食っちゃって（笑）。

朱里　新橋は記憶がさだかじゃないですけど、とにかく、いつでもお腹空かせていましたから。ハッスルのおかげで精神力はかなり鍛えられたと思いますよ。

TAJIRI　タフな経験だったよね。

朱里　自分にとっては、ハッスルもそうですけど、活動休止になってからTAJIRIさんと一緒につくったSMASHが一番なんです。ハッスルではまだまだ未熟でしたから、言われたことをそのまま進めていくような感じでしたけど、SMASHはみんなで話し合って共につくっていくようなイメージ。SMASHでの経験は本当に宝箱みたいな、自分にとっては今でもキラキラした世界なんです。大好きでした、あの世界観が。

TAJIRI　あのとき関わってた選手も、見ていたファンも皆それを言うよね。つくっていたオレたちとしても、あれ以上はない極上の団体だったって絶対に言える。

朱里　みなさん見てくださいって、自信持って言えるものでしたからね。いろんな人にこの素敵な世界を広げたいっていつも思ってました。SMASHでもTAJIRIさんには鍛えられましたよね。

TAJIRI　うん。どっちかっていうと、SMASHに入ってから本格的に教え始めたんだよ。ハッスルのときは、どう見せるかっていう演じ方のほうを主体に教えてた気がする。

ＳＭＡＳＨではプロレスの基本、体の動かし方やプロレスの理論を最初からみっちりやったつもり。

銃声、幻覚サボテン、血だらけの男、メキシコの夜

ＴＡＪＩＲＩ　ちょっと前置きが長くなっちゃったけど、この本はオレが世界をプロレスで巡ったときのことを記した旅の記録なの。この対談も、プロレスラーと旅をテーマに話をしたいと思っていて。朱里ちゃんは旅は好きですか？

朱里　出かけるのは好きですよ。ただ、ＴＡＪＩＲＩさんみたいに海外へ１人で行くっていうのはないですけど。

ＴＡＪＩＲＩ　海外での試合はかなり経験していると思うけど、強烈に覚えていることってある？

朱里　そうですね。やっぱり、メキシコですかね。何回か行ってるんですが、自分は殺されるんじゃないかって思ったことがあって……。たしかあれは○△×ホテルに泊まってたときでしたけど……。

ＴＡＪＩＲＩ　よく知ってるよ、そこ。なにしろ知り合いが創業者だから。いわゆる貧乏日本人旅行者が泊まる代表格のようなホテルだよね。そういうのがメキシコシティに２軒あっ

TAJIRI

て、そのまだマシなほう。オレはもう1軒のさらに格安なほうに若い頃はずっと住んでいたから。

朱里　そのホテルのすぐ横のあたりから銃声がしてるんですよ！　銃撃がしばらく続いてたみたいで、部屋の中まで銃弾が飛んでくるんじゃないかと思ってたら、もう恐ろしくって。あとは、これもメキシコだったんですが、どう見ても頭がおかしくなってる日本人が目の前に現れて。簡単に言うと……ラリってるんです。

TAJIRI　あ、それ、もしかしたらサボテン食ってきたんじゃないかな。幻覚サボテンっていう麻薬みたいなやつがあるから。

朱里　とにかくそんなのばっかり見るもんだから、やっぱこの国やばいなって思いました。あと、ゴキブリもものすごくデカくて……。ゴキブリだけは絶対にダメなんです！

TAJIRI　キックや総合格闘技の猛者である朱里ちゃんでも、ゴキブリだけはダメだと。

朱里　いっぱいいるし、デカいし……。ほんとに苦手なんで、逃げ回ってました。ただ、自分自身が危ない目にあったってことはないですね。物を取られたくらい。1人で電車で出かけたりはしましたけど、直接危害を加えられそうになったこともなくて。銃声と危ない日本人を見たくらいで済んでます。

TAJIRI　オレもないなあ。メキシコと言えば浅井さん（ウルティモ・ドラゴン）だけど、浅井さんも危ない経験は一度もないって言ってたよ。絶対的なことさえ気をつけてれば

大丈夫だよね。危ない目にあう人は危ないところに行くからね、強がって。

朱里　たしかに。そういうところにあえて行ったりとか、ヤバそうな人がいても絶対見ちゃダメってことですよね。

ＴＡＪＩＲＩ　オレも目撃談ならあるよ。メキシコシティにもう1軒の「ペンションアミーゴ」っていう日本人宿があるじゃん。メキシコで暮らしてたときのある年のクリスマスの日、そこへ遊びに行ったの。ひとりで寂しかったから。ちょうどそこに泊まってたおじいさんがいて、これからどこどこへ行くって言って出かけて行ったんだけど、30分くらいしたら血だらけになって戻ってきたの。みんなびっくりして、「どうしたんですか？」って聞いてみると、「いきなりメキシコの若者に取り囲まれて、胴上げされて落とされた」っていうの（笑）。酔っぱらった連中にいじられちゃったみたいだったよ。

朱里　なんで胴上げされたんでしょうね（笑）。メキシコのタクシーとかって、運転がメチャクチャ荒いですよね。みんな車がボロボロ。あれだけ荒い運転してれば、ああなっちゃうのも当然ですけどね。あと、タクシーって結構、ボッタくりますよね。

ＴＡＪＩＲＩ　あるある。明らかに遠回りするとかもね。荒い運転で言うと、車が一度激突してバンパーが落っこちたんだけど、ぶつけた運転手がそのまま片手で「すまん！」みたいにしたらぶつけられたほうも「……おおっ、しゃーねえか」みたいに、何ごともなかったように走ってったのを見たことあるよ。

TAJIRI

朱里　メーターがめっちゃ上がってく車もありますよね。えーっ、もう　はやっ！　みたいな。

TAJIRI　朱里ちゃんもよく知っている週プロのメキシコ・アメリカ特派員のゴクウ、いるじゃん。彼、そういうタクシーに遭遇するとブチ切れるんだよ。「てめえコノヤロー！」って（笑）。弱いくせに強がるんだよ。

朱里　メキシコでは、ギリギリまで対戦相手が来ないとかもよくありましたね。

TAJIRI　試合のハシゴしてきたりするからね。日曜日とかだと、朝から5試合くらいしてくるなんてことも珍しくないし。オレも1日3試合くらいはよくやってたよ。試合終わって次の会場に車で移動して、次の対戦相手が来るまで待ってるの。選手の到着待ちのときは、リングに子供たちが上がって遊んでたりしてるんだよね。よく体力がもつなあって言われるけど、プロレスって案外、やれちゃうじゃん？　過酷ではあるんだけど。

アレナ・メヒコでルチャ観戦するTAJIRI＆朱里

朱里　うーん、そういう部分もありますけど、スターダムのプロレスは超激しいですよ。

TAJIRI　メキシコの場合、6人タッグがほとん

だっていうのもあるかもね。

朱里　メキシコでの試合はキツかったですね〜。試合終わったらすぐにバスに乗って、また違う町へ向かってく。いくつか会場を回ってクタクタで夜中に帰ってきても、翌朝の練習に絶対参加の団体とかもありました。

TAJIRI　オレもあった。でもそれに出ないと試合を組んでくれないからしょうがなくいくんだよね。朱里ちゃんは、メキシコはどれくらい連続でいたことあるの？

朱里　2週間ですね。ＣＭＬＬで。ほぼ全日試合。練習も毎日出なくちゃいけなくって。

TAJIRI　プロレスラーにとってメキシコは登竜門的な感じもあるからね。特に体の小さい男はそうだよね。女子レスラーにもそういう感じってあるの？

朱里　やっぱり、ルチャの文化が根付いていますからね。レスラーになったからには一度は試合をしたいっていうのはありますよね。アレナ・メヒコとかの大きな舞台で、本場のルチャをやりたいって。ＷＮＣ－ＲＥＩＮＡで一緒だった（小林）香萌ちゃんもメキシコのＣＭＬＬへ行きましたよね。あそこで試合をしたいという思いがあって。

TAJIRI　あ、香萌ちゃんもそうか、そういえば。オレは指導するときは最初から「プロレスで稼ぐなら海外行くしかないよ」って言い続けてたよね。やっぱり、海外行かなきゃ話にならないと、それはいまでもそう思ってるよ。

朱里　ＴＡＪＩＲＩさんは「朱里ちゃんは将来、世界に行くよ」って言ってくれました。

TAJIRI

TAJIRI　うん。結局、日本のプロレスしか知らないんじゃ話にならないからね。日本のプロレスがうまいだけでは、海外では絶対に通用しないから。
朱里　ビジネスの規模感も全然違いますよね。
TAJIRI　そうだね。それに、実際、海外にはプロレスうまいヤツが圧倒的に多いから。日本ではあまり評価されないけど、メキシコの選手なんて本当にうまいよ。特に悪者は。それは女子でもそうじゃん。一見、ケツのデカい水商売のおばちゃんみたいなのが、むちゃくちゃプロレスがうまかったりする。
朱里　いますよね〜。
TAJIRI　本当にうまい。ラ・アマポーラとかね。

メキシコで最初から太って帰れたのは鶴見五郎さんだけ！

TAJIRI　安いチケットでアメリカからメキシコいくときって、だいたい早朝に着くんだよね。一緒に行ったときも朝4時に着いて、だれかが迎えに来てくれた。それから浅井さんの「闘龍門」に行って、メシ食おうってすぐに近くのファミレスに行ったんだけど。朱里ちゃん、気持ち悪くて食えません！　って感じじゃなかったっけ？
朱里　はい。メキシコのご飯が体に合わなくて、3キロくらい痩せました。なんでみんな、

これをムシャムシャ食べられるんだろうって、理解できなかったです。

TAJIRI　たいがい最初は下すんだけど、2回目以降は免疫ができてくるんだよね。

朱里　そういうもんなんですかね。自分は完全にお腹こわしました。トイレにずっと引きこもってた気がする。色々気をつけてたんですけど。とくに怖かったのが、シャワーの水。浴びていて口に入ったらヤバいんじゃないかって。

TAJIRI　ああ、今はそうでもないみたい。昔はアメーバが混ざってることもあったみたいよ。

朱里　ア、アメーバですか⁉　2回目はさすがに気にしませんでしたけど、初めて行ったときはメチャメチャ気にしてました。

TAJIRI　オレも大学生で最初にメキシコに行ったときは、腹をこわしたよ。レスラーになってからはほとんどないけど。それくらいメキシコに行くと、たいがいの人は痩せて帰ってくる。今は昔ほど汚くもないからそれほどじゃないかもしれないけれど、あの鶴見五郎さんだけはメキシコ行っても、1回目から太って帰ってきたという伝説があるみたいよ（笑）。

朱里　TAJIRIさんはメキシコ好きなんですよね。

TAJIRI　大日本プロレス辞めてメキシコへ渡ってからは、ずっとメキシコでやっていこうって思ってたもん。メキシコで活躍していた浅井さんに憧れて、この世界に入ったってところもあるから。朱里ちゃんとはメキシコ以外には、メキシコに行く前のトランジットで

TAJIRI

寄ったロサンゼルス、フィリピンにも一緒に行ったよね。

朱里　ロサンゼルスは1日くらいでしたけど、いろんなところに連れて行っていただいた記憶があります。

TAJIRI　オレはアメリカではロスに住んでたから、いろいろ見せたいと張り切っちゃったの。あのときはSMASHの映像をつくってたXさんも同行してくれて。あと、さっき話した週プロのゴクウに車で迎えに来てもらって、いろいろ回ったよね。朱里ちゃんは、途中からずっと寝てたけど。

朱里　すみません！　でも、あのときって、連れて行っていただいたところ以上に、その……Xさんがすごくって（笑）。よく覚えているんですけど、なぜかシンクで……おしっこ……するのが好きって言ってて……。

TAJIRI　洗面所でションベンだもんね（笑）。ゴクウの家でもやったんだって（笑）。

朱里　すっごいよく覚えてます、その発言。なんてすごい人だ！　って思いました。

TAJIRI　さすがにあの場でゴクウに言うわけにいかなかったんで、何年かたって日本で酒飲んだときに、「実はあのとき、Xさん、ゴクウんちの洗面所でションベンしたんだよ」と言ったら「あ、あ、あのヤローーッ!!」って（笑）。まあ、そんなことがありつつメキシコへ行ったんだよね。それで浅井さんの御屋敷にも御招待いただいて。

朱里　浅井さんの家、めちゃくちゃきれいでした！　白い大きな壁自体が映画館のようなス

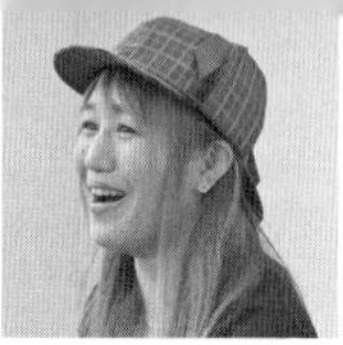

クリーンになっていて、映画がバーンと映って。

TAJIRI それと、中にすごく長い廊下があって、その横にズラーッと、世界各地で撮った浅井さんのでっかい写真がいくつも飾ってあったよね。

朱里 ロスではゴクウさんちに泊まったんでしたっけ?

TAJIRI いや、ゴクウの家の近くの台所が付いてるホテルに泊まったんだよ。

朱里 きれいな場所だったけど、あの辺り、事件が多いって聞きました。

TAJIRI ゴクウの住んでる家の周辺はちょっと危ないとこなの。朱里ちゃんもいったオレが昔住んでいた海の町はそういう不安はなかったなあ。

オレたちはフィリピンプロレスの生みの親

TAJIRI あとはフィリピンね。

朱里 WNC-REINAのときのフィリピン興行ですよね。

TAJIRI SMASHが終わって、WNCをまたみんなでつくって、そこが3回くらいオーナーが変わったんだけど、その3回目のオーナーがREINA女子プロレスという女子団体を持っている人で。朱里ちゃんをREINAのエースとして貸してくれるのであれば、WNCにも資金援助するということになって、つながりができて。その会長の奥さんがフィ

TAJIRI

リピン人で。会長はフィリピンが大好き。朱里ちゃんもお母さんがフィリピンの人だったから縁も深いし、これはやるしかないってことになったんだよね。

朱里　あの当時、フィリピンにはまだプロレスがなかったですもんね。

TAJIRI　そのころはWWEの番組をテレビでやっているだけで、現地の団体はなかったからね。実はフィリピンのプロレスの歴史は、日本人から始まってるらしいんだよ。だいぶ昔、力道山が始めた日本プロレスにいた豊登さんと、その後輩の大磯武さんという人がフィリピンに財宝があると言ってそれを探しにいったの。日本軍の大将だった山下奉文が終戦のときに、フィリピンにお宝を埋めて来たっていう都市伝説なんだけど。結局、財宝は見つからなくて、豊登さんは日本に帰って、大磯さんはそのままフィリピンに残ってプロレス道場をつくって団体を立ち上げた。そして、新日本プロレスを呼んで、1980年代前半にフィリピン興行をやったのが現地で最初のプロレスらしい。オレらがWNC-REINAでやったのはそれに次ぐ開催だったみたい。

朱里　へえ～。お客さんたち、すごく喜んでましたよね。

TAJIRI　朱里ちゃんのお母さんも手伝ってくれたよね。そういえば、会場の控室の天井から体が透明で内臓が透けて見えてるヤモリが落っこちてきて、不覚にもオレはびっくりして飛びあがってたら、お母さんがささっと現れて、平然とヤモリをつまみあげてくれたよ(笑)。

SYURI

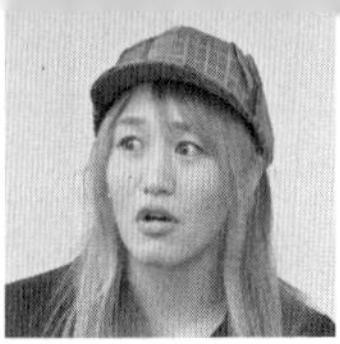

朱里　強いですね〜、うちの母親、ヤモリ手づかみって（笑）。

TAJIRI　あのときのオレたちの興行に影響を受けたフィリピンの若い人たちが、あのあと現地にプロレス団体をつくったんだよ。いわば、オレたちはフィリピンプロレスの生みの父親と母親（笑）。

朱里　光栄です！

TAJIRI　あのときは朱里ちゃんがエースでメインとしてタイトルマッチを組んだ。朱里ちゃんの興行としてやったんだよね。第一試合はＴＡＪＩＲＩ対ＡＫＩＲＡさん。２０１4年1月25日だったなあ。その前の日に地元のパブに行ったの覚えてる？

朱里　え〜、覚えてないですね。

TAJIRI　そこでいわゆるミゼットプロレスみたいな感じの人たちがボクシングやってて、これ面白いなあと思って、「１０００円あげるから、明日ちょっと出ませんか？」って誘ったのよ。この大会にはボディガーさんが出てたので組ませてみようかなって。ボディガーさんはフライパンをグーッと曲げる怪力パフォーマンスやるじゃない？　そのときに例のミゼットボクサーが横からフライパンを「親方、ドーゾ！」って渡して、それをボディガーさんがグーッと曲げたら面白いんじゃないかなって。やってみたら、会場バカウケ（笑）。朱里ちゃんはそのパブで、彼らのボクシングのショーのレフェリーやったんだよ。覚えてない？

朱里　えーっ　まったく記憶にないです〜（笑）。

TAJIRI

TAJIRI　あと、フィリピンではライセンスをつくりに役所に行ったじゃん。そうしたら、誰も働いてなくて（笑）。ずーっとこう、みんな、ただただ座ってるだけで。

朱里　思い出しました！　それに職員の人たち、メッチャ遅れてきましたよね。1時間くらい平然としてて、それが当たり前みたいな感じで。

TAJIRI　オレが最近まで行ってたフィリピンのプロレス団体でも、2時間くらい遅れるのが当たり前だからね。そこの団体は、ショッピングモールの中庭とか野外で試合をやることが結構あるんだけど、モール開催の場合は無料ってこともあって、600人くらい集まるの。それがみんなおとなしく2時間くらい遅れても待っててくれるんだよ。当たり前って認識なんだろうね。

朱里　お国柄ってありますよね。

TAJIRI　これもフィリピンあるあるで、この本の中にも書いてるんだけど、フィリピンには道端で何もしないでぼーっと座ってるだけの行動にも動詞としての名前っていうか、肩書があるんだって。フィリピンの知り合いに「あの人、何やってんの？」って聞いたら、「あれは○○っていう行いなんだ」って（笑）。

朱里　へ～！　なんか、じわじわ思い出してきたんですけど、ちょっと話がずれるかもしれないですが、うちはいとこがものすごくいっぱいいて、REINAのときにお母さんが、いとこ全員に自分の写真がプリントされた黄緑色のTシャツを着させて会場に連れてきてくれ

てたんですよ（笑）。すごくうれしかったです。

TAJIRI　そうそう！　全員で控室入ってきたじゃん。次々に同じ服着た親戚たちが入って来るの。いったい何人いるんだ？　って（笑）。

外国人レスラー「残念な日本語タトゥー」の話

TAJIRI　フィリピンのファンは熱いよね。

朱里　応援ボードとか出して声援おくってくれます。そこには「Marry Me!（結婚して！）」とか書いてあるんですよ。こんなこと言ってくれるんだぁみたいな。メチャクチャうれしかった。ああ、海外なんだなあって思いました。

TAJIRI　アメリカでも「Marry Me」は結構ポピュラーだよ。

朱里　そういうのを見てるとなおさら思うんですが、海外のお客さんのほうが純粋にプロレスを楽しんでいる感じがしませんか？　日本のお客さんって、ちょっと複雑っていうか、角度が付いた見方をしがちっていうか。ただただ楽しんで見るのも面白いですよって思うことはありましたね。

TAJIRI　日本のファンって、プロレスを見たあとにそれをどう語ろうかと、そういうことも思いつつ来てるんじゃないのかな？　向こうのファンは純粋に試合見て騒ごうと思っ

TAJIRI

てきている。

朱里　メキシコのファンも純粋に盛り上がってますね。

TAJIRI　世界でも日本だけが違うような感覚があるんだよ、オレには。それが良いとか悪いとかでは全然なく。海外のファンは、遊園地に来たら騒ぐ、そういう感じでプロレスを楽しんでるような気がする。

朱里　不思議ですよね、この違い。

TAJIRI　たぶん、その原因にはメディアの違いもあると思う。日本のプロレスマスコミ文化って世界一なんだよ。週刊のプロレス雑誌があるのは日本とメキシコくらい。ただ、メキシコはタブロイド紙。週プロみたいなつくり込みはしてない。アメリカもプロレス雑誌はあるけど、活字中心じゃなくてグラビア雑誌だから。

朱里　海外みたいに純粋に盛り上がるのもいいと思いますよね。スターダムのファンには外国からの人も多くて、日本語も結構上手なんですよ。

TAJIRI　外国人ファンの熱量はすごいよね。日本語の刺青を入れてるファンをよく見るんだけど、オレのサインを入れてるなんていうすさまじい人もいたから。どこかでオレが書いたものをコピーして、転写してから彫ったって言ってたけど、オレ、海外へ行くとけっこう適当なサイン書いちゃうのよ。「ＴＡＪＩＲＩ」じゃなくて「犬」とか（笑）。いやあ、彼に書いたサイン、フツーに書いといてよかったよ。

SYURI

朱里　「日本」とかのタトゥーを入れてるレスラーもいましたよね。

TAJIRI　名前を忘れちゃったんだけど、ＥＣＷに出ていたときに一緒になったデカいレスラーがいて、そいつがオレに「日本の字で『クレイジー』って入れたんだ」って言うの。「狂人」とでも彫ってるのかなと思ってそいつの背中を見たら「麺」と彫ってあったの（笑）。これヌードルって意味だよって教えたら、「ええッ!?　一生消えないヌードルをオレは背負っているのか……！」って落ち込んでたよ。

朱里　かわいそうすぎる！

TAJIRI　なんで「麺」になっちゃったんだろうね（笑）。あとメキシコシティでのことなんだけど、大きく漢字が書いてあるバッグを背負ってる人がいたの。よく見ると「池波正太郎」って書いてあって（笑）。なんなんだろうね、この感覚。あと、都内にある「ステーキハウス・リベラ」のジャンパー、あれがメキシコで異様に流行ったことがあって。日本に行ったステイタスとしてレスラーがこぞって着ていたの。で、ある関係者が、「オレもリベラジャケットがほしくて自分でつくったんだ」って言って見せてくれたんだけど、背中に入ってるロゴは正規のヤツじゃなくてカタカナで、しかも「リベラ」じゃなくて「リ」の上がちょっと広がっちゃってて「ソベラ」になってんの（笑）。

朱里　自分でつくっちゃうって、すごいエネルギーですよね。

TAJIRI

コロナ禍の「無観客試合」どう見せればいいか

TAJIRI　一昨年からの新型コロナウイルスの蔓延で、しばらく海外でプロレスができるような状況ではなくなってしまったよね。日本では感染対策の徹底と、観客数を半分にするとかでどうにか開催はできているけど、世界的に今もプロレスの有観客興行を続けられているのは日本くらいらしいね。（※対談収録の２０２１年5月12日時点）。

朱里　スターダムも割と中止になったりはするんですけど、今も試合数は月10試合くらいとかあるので、試合勘がにぶるようなことはないですね。お客さんはマスク着用、声を出さない、拍手で応援、検温や消毒アルコールの徹底、１席あけて50％の客入りとか、感染対策をかなりしっかりやってるから開催できているんだと思います。

TAJIRI　全日本プロレスもそうだね。

朱里　ただ、去年の5月は1カ月間、試合が一切なくなりました。２０１９年にＵＦＣを離れてスターダムに移籍してからは、しばらく多いときは1カ月に19試合とか、かなりの数の試合をやっていたので、体にもだいぶ負担がかかっていて、手とかがよくしびれたりしていたんですよ。だから、去年の5月は休養期間にあてることができて、かなりよくなりました。

TAJIRI　無観客試合は経験した？

朱里　スターダムではなく、赤井沙希さんとＤＤＴのリングでやりました。配信マッチです

SYURI

ね。声援も拍手もないので、なんか不思議な気持ちになりました。

TAJIRI　こういうとき、普段から観客に甘えるような試合をしているようでは厳しいんだよね。いるじゃん、客席に向かって「オイ！　オイ！　オイ！」ってアピールばかりするようなの。だけど無観客試合は客席からのリアクションがないからね。アメリカでは収録用の試合がよくあったから、無観客試合はオレにはけっこうやりやすいね。

朱里　そうなんですか。

TAJIRI　そもそも、お客さんがいるのといないのとでは、完全にやり方が違うんだよ。ヒールが攻めるときも、それほど攻めずに攻めた印象だけ残せばいいの。普通は8分とか10分やる試合だったら、無観客なら3〜4分くらいでいいと思うよ。さっき言ったように、カメラ相手にこうやったりする（カメラに向かって指さして吠えている）ヤツ。あれを見たファンの中には「カメラのことをわかってるレスラーだ」とか言うけど、実はそういうのは全然うまくないんだよ。WWEでもうまいレスラーは絶対にカメラは見ないよ。映画で考えれば、俳優って演技してるときにカメラを見ることなんてないでしょ。それが極上なの。たまたまそこにある状況を撮ったのが映画。一番カッコいいのは、カメラを意識していないようにさりげなくいい画をつくれるレスラー。アメリカではそういうレスラーが本当の一流なんだよ。

朱里　この時代に合わせたプロレスをする必要がありますね。ただ、今までどおりのプロレ

スにはまだ戻れませんね。スターダムは今も地方巡業を比較的おこなっているんですが、地元のかたに聞くと、プロレス団体が全然来なくなってしまったっていうんです。だから、すごく待ち望んでいただいているようで、「来てくれて本当にありがとう」「あなたたちの姿を見ると、元気になるよ」とか言ってもらえるんです。そういう声を聞くと、そうだ、プロレスラーはお客さんに元気を与えてるんだ、そういう職業を自分はしているんだなって改めて思いました。プロレスって本当に素敵だなって。お客さんの生の声から得た気づきです。

TAJIRI　プロレスラーという仕事の原点だね。

朱里　UFCとの契約期間だった2017年からの2年間は、契約の条項上、プロレスができなかったんです。その間もプロレスを見てはいたので、やりたいのにできないっていう気持ちが常にありました。できなかった期間があったからなおさら、プロレスってこんなに元気になるんだなって思えたんでしょうね。

旅人宿のオヤジ、占い師……プロレス引退後の人生行路

TAJIRI　コロナ禍が広まって以降、ずっと考えてるんだけど、都会と地方の意味合いがこれまでとは違ってくるような気がする。人流が多いところほど感染者は多くなるから、地方の人からすれば、都会は感染拡大中なのに朝は通勤ラッシュだし、飲食の制限も厳しい

し、都会で暮らすのって大変だなって見方になってくるでしょ。これまでは都会にはなんでもあるし便利でいいなっていう羨望みたいなものが地方からするとあったけど、それが逆転してくるのではないかと。

朱里　プロレスも含めて、いろいろと変わっていくのかもしれませんね。

TAJIRI　オレはこれまでずっと持ってた将来のイメージがあって。こういう時代になったことで、潜在意識に送りこみ続けたそんなイメージが具体的に動き出すんじゃないかなって思っていて。この本にも書いてることなんだけど、海の近くの地方の土地で、旅人宿＆飲み屋のオヤジになろうかなって本気で思ってるんだよ。うちの下のチビ（子供）があと3年で高校卒業するから、あとは大学でも専門学校でも独り立ちしてもらい、そこで子育ては一区切りとして、いよいよ本格的に移住計画を進めようかなと。そのころはオレも53歳だし、プロレスの現役レスラーで一線でやるのもそろそろかなって気持ちもあって。

朱里　えーッ！　そうなんですか！　そう言えば、ツイッターでもよく海に行ったって書いてますよね。

TAJIRI　プロレスを引退するってわけじゃなくて、地方のプロレスっていまは全国にあるじゃん。そういう団体に関わりながら、海のある土地に引っ越して、たまには東京での試合にも出たりして。古民家を買って、そこで旅人宿をやりたいなあ、と。朝から釣りして、日中は鍼灸院やって近所のおじいさんおばあさんの治療して、夜は釣った魚をさばいて宿の

TAJIRI

旅人たちに出す。そして、彼らと酒飲みながらプロレス談義を夜更けまで……そんな生活をおくれたらいいなって本気で思ってて。

朱里　自分も将来的には地方に住みたいって思いはありますね。具体的な場所は決めてないですけど、とりあえず、都心を離れて、おばあちゃんになったら自然のある生活をしたいなあ。実は今、占いの学校に行こうかなって思ってるんですよ。占い、メッチャ好きなんで。すごく悩んだりするときには、いろんな占いをやりまくってました。なぜ自分はダメなのか、それはこういう時期にあるからだとか、その理由を知ることで次に進むことができる。占いには人を前向きにするパワーがあるんですよ。だから今、色々と資料請求してるんです、占いの学校の。占いの方法も1つだけにこだわるんじゃなくて、いろんなものを組み合わせてみるのも面白そう。自分なりの方法が見えてくるかもしれませんし。

TAJIRI　手相とかやったら不気味な男が手握ってきたりするかも（笑）。占いっていうのは霊能ではなく統計学なんだよね？

朱里　そうなんです。哲学みたいな学問から入ってくるところもあって。むちゃくちゃ深いなって。やるからには、ゲッターズ飯田さんくらいまで突き抜けられるくらいになりたいですね！

TAJIRI　オレも占いの勉強しようかな。オレの場合は完全にインチキで（笑）。適当なことを……。

SYURI

朱里　適当なこと言ってると刺されますよ（笑）。

TAJIRI　ま、それはそうだね（笑）。

朱里　自分はこういう仕事をずっとしてきたので、自由に生きていたいという思いが強いんです。時間にとらわれたくないし、誰かの下で雇われるというのでもなく。理想は占いのほかに、これまでのキャリアを生かしたパーソナルトレーニング、マッサージとかも組み合わせて、1つの場所を借りてできれば。

TAJIRI　何だか目指してることがオレたちほぼ同じじゃん（笑）。いっそ海の近くでやったら？　ＫＵＳＨＩＤＡも壮士朗（黒潮〝イケメン〟二郎の本名）も、日本帰ってからみんなで同じことやってたら笑っちゃうな（笑）。

朱里　似てくるんですかねえ（笑）。

TAJIRI　旅人宿の隣でみんなで商売するのもいいね。

朱里　面白そう！　でも今は、まだまだスターダムで頑張らせていただきますよ。プロレスはＵＦＣでできなかった時期もあったし、去年は母を亡くしててつらい時期もありましたけど、ここで輝きたいんです、やっぱり。輝いてやる！　って気持ちで集中してます。

TAJIRI　プロレスは楽しい？

朱里　すごく楽しいです！　キックでＫｒｕｓｈの王座にも就きましたし、その後はＵＦＣで総合のリングでも結果を残すことができた。2年間プロレスができなかったことは残念で

TAJIRI

したけど、自分の場合はプロレスだけをやっていたら、ここまで長くできなかったと思ってるんです。キックも総合もプロレスもやってきたから、プロレスの深さと楽しさを発見できたんですから。

TAJIRI　キックと総合でこれだけの成績を残せた選手は、朱里ちゃんのほかにいないからね。

朱里　ありがとうございます。ただ、自分は強いだけの試合をしたくはないんですよ。プロレスを教えてもらったのがＴＡＪＩＲＩさんでもあるし、強いだけがプロレスじゃないという思いが心にあるんです。やっぱり、試合が面白くないと。格闘技で結果を出したから強いっていう見られ方をされるのはうれしいけれど、それだけじゃんっていうことになってしまうのがイヤなんです。それとの闘いでもあるなって、すごく考えますね。

TAJIRI　そう、強さ以上に面白くなくちゃね、プロレスは。強いとか弱いとかよりも、面白いか面白くないかがほとんどだから。

朱里　そう思います。

TAJIRI　改めて考えると、ハッスルの頃、お金もらえなくて青い顔してた赤黒チェック服の時代からすると、朱里ちゃんはすごくサクセスしたよね。

朱里　いやあ、こんなふうになっていくもんなんですかねえ。

TAJIRI　人生の旅にはいろいろあるからね、これから先も――。

あとがき

人類が危機に襲われても空は蒼く、人生の旅は続くのだ

２０１９年7月13日。マルタ共和国で、蒼い空に色鮮やかな傘がどこまでも浮かんでいる通りと出逢った日の夜のこと。ある想いが湧き上がってきて仕方がなくなり、その想いを言葉にして誰かに伝えたく、心のままに、素直に素直に文言を選び、付け足し、そぎ落とし、書き直し、最後にとうとう紡ぎだせた、想いのままの言葉がある。

『プロレスラーは世界を巡る旅芸人』

いや、やはり『巡る』という漢字をひらがなに変えよう。

『プロレスラーは世界をめぐる旅芸人』

こちらのほうが、いまのオレにはしっくりくる。なんだか旅先で出逢う国が、人々が、

エピソードが、陽の光をあびてパッ！と、ワクワク明るくなった感じがしないかい？　想いのままの言葉、約2年の時を経て、いまここに堂々の完成！

その後、世界はコロナの猛威に襲われた。オレは2020年1月にフィリピンへ飛んだのを最後に、それ以降一度も、世界をめぐる旅芸人ができていない。

しかし、それでも旅を止めるわけにはいかない。この本のまえがきで、

『プロレスラーはプロレスがなければ死んでしまう生き物である』

と書いたが、これにはさらに続きがある。

『そして、旅をしないと死んでしまう生き物である』

もちろん、旅をしなくても生物学的に生き続けはする。しかし『己の生き様について考える』ことを停止してしまったら、生命に風が吹かなくなってしまう。生命に循環が途絶えることは、死んでいるのと同じことではあるまいか。

さて、再び海外へ渡れる日を心待ちにしつつも『そして、旅をしないと死んでしまう生き物である』我々は、しばらくどうしたらいいのであろう？　オレはいま、このようなことを始めている。

海の近くの街へいくのだ。

関東近郊や、かなり遠くまで足を運ぶこともある。

なぜ海の近くの街へいくのかというと、オレは将来、そんな街へ移り住む計画を立てているからである。移り住んで、まずは自宅に簡素な鍼灸院を造る。そして、現地の人たちと仲良くし、街に溶けこむ。

さらに、自宅に畑を造り野菜を育てる。毎日海で釣りもし、腕を上げる。野菜の育て方や釣りの腕が上達したら、今度はそれらを酒とともに供する簡素な飲み屋を自宅に増築して始める。そして最後に、家の中を簡素な旅人宿にしてしまう。

ここで重要なポイントとなるのが、どれも『簡素』に構えること。オレ自身が気楽に始められて、気楽に続けられ、やってくる人たちも気楽に居られる……仰々しくない。あくまで全てを気楽に気楽に。そうすると、このような生活が可能となるのだ……。

目を覚まし、宿の旅人にメシをこさえる。昨夜の残りの魚をヅケ丼にし、アオサの味噌汁なんぞ添えてあげられたらもう最高。
↓　海へ釣りにいく。魚が針にかかるのを待つ間に磯で貝や海藻も採取する
↓　昼頃戻ってきて地元の人に一日3人ほどを上限に世間話をしながら気楽に鍼灸治療を施す。田舎のジイ様やバア様は「うちで採れた野菜じゃけ」と無農薬野菜を持ってきてくれることも期待しつつ
↓　夕方に飲み屋を開ける。地元の漁師が「伊勢エビ持ってきたけん、旅人たちに食わせちゃって」と現れることを期待しつつ。宿の旅人には晩飯として飲み屋で好きなものを注文してもらう。もちろん伊勢エビも食わせてやるぜ
↓　閉店後、飲み屋の残りをツマミながら家の広間で旅人と酒を飲みつつプロレスや人生について語り明かす……

どう？　こんな人生、楽しそうでしょ？　実はオレの人生で最も楽しかったのがメキシコの貧乏バックパッカー宿に住んでいた時代なのだ。ペンション・アミーゴという名称のその宿は、朝の食堂に乱雑にカゴへ放り込まれたパンとコーヒーが用意されるのみで、あとは全て旅人任せ。掃除こそは毎日かなり適当にしてくれるものの、シャンプーも石鹸もタオルも全て自前。ベッドメーキングなんて何泊しようと一切なし。腹が減ったら台所や冷蔵庫は自由に使えるので勝手にどうぞ。そんな『気を使われない気楽さ』が居心地よか

った。

そして、オレの夢想未来空間へ来ていただきたいのはそういう『気を使われない気楽さ』をエンジョイできるタイプの人たちで、逆にそういうのが性に合わない人は決して来てはいけないのだ。

というわけで、ペンション・アミーゴでのあの楽しかった空間に、時代に、オレ自身がずっとずっと身を置きたいのだ。一度はやってみたい飲み屋のオッチャンとして、さらにはこれまでの人生でせっかく身に付けた鍼灸という特殊技能も加味し、さらにグレードアップした形にして。

そんな夢想未来空間を現実化すべく、海の近くの街を訪ね歩いている。その場所は、未だ決まってはいない。それでも訪ねる先々で、そんなイメージを抱くことから全ては始まる。物理的移動＋思考＝旅という、まえがきに書いた方程式が間違ってはいないとするならば、これもまた旅であろう。そう、オレの旅は『遠くへ』という平面から『未来へ』という時間的縦軸へと姿を変え、きょうもなお続いている。

人類がコロナに襲われようとも地球は少しも変わることなく、陽は燦々と輝き、空は蒼く、雲は白く、海には潮の匂いが満ち、野山は緑だ。人生の旅も……深夜特急も、変わることなく続いていく。

飲み終わって潰したチューハイの缶がたくさん転がる自宅のパソコン机にて

TAJIRI

『プロレス／格闘技ＤＸ』２０１８年〜２０１９年の『プロレスと酒があれば生きていける／プロレス深夜特急』から抜粋し、加筆・修正致しました。各章末の「旅のあと①〜④」、第４章「２０２１年４月某日」のホーホー・ルン選手への電話直撃、朱里選手との対談は書き下ろしです。

TAJIRI

1970年9月29日生まれ。熊本県玉名市出身。1994年9月19日、IWAジャパンでの岡野隆史戦でデビュー。その後、メキシコ・EMLL、アメリカ・ECWなどで活躍したのち、世界最大のプロレス団体・WWEに入団。長きにわたって“日本人メジャーリーガー”として活躍した。日本に帰国後はハッスルに所属、新日本プロレスに参戦、さらにSMASH、WNCを率いて独自の世界を築き、プロデューサー、若手の育成にも高い評価を得る。2014年にはWRESTLE-1に移籍。2017年にWWEに復帰するが、ヒザのケガによって退団。同年の帰国後から本格的に全日本プロレスに参戦し、佐藤光留、ウルティモ・ドラゴンを破り、世界ジュニアヘビー級王座を2度戴冠する。2018年には「Jr. TAG BATTLE OF GLORY」で岩本煌史とのタッグチーム“ひと夏のかげろう”での優勝や、秋山準を破ってGAORA TV チャンピオンシップ王者となるなど、ヘビー級とジュニアヘビー級を超越した活躍を見せた。2021年1月2日後楽園ホール大会にて全日本プロレス入団を発表。同年2月、ジェイク・リー率いる新ユニット「TOTAL ECLIPSE」に加入。172センチ、82キロ。得意技はバズソーキック、グリーンミスト、タランチュラなど。入場曲「Blut Im Auge (Acoustic Version-Sagas)」。著書に『TAJIRI ザジャパニーズバズソー』『TAJIRIのプロレス放浪記』『プロレスラーは観客に何を見せているのか』。
◎公式Twitter　@TajiriBuzzsaw

プロレス深夜特急

プロレスラーは世界をめぐる旅芸人

第1刷　2021年6月30日

著者　TAJIRI
発行者　小宮英行
発行所　株式会社徳間書店
〒141-8202
東京都品川区上大崎3-1-1目黒セントラルスクエア
電話（編集）03-5403-4350 ／ （販売）049-293-5521
振替00140-0-44392
印刷・製本　図書印刷株式会社

ISBN978-4-19-865310-1

Goza
de ur
e pag
É melhor qu
unib